国　务　院　研　究　室　调　研　成　果　选

黄守宏 / 主编

中国经济社会发展
形势与对策（2020）

加大宏观政策实施力度
确保经济运行在合理区间

中国言实出版社

图书在版编目（CIP）数据

中国经济社会发展形势与对策．2020．加大宏观政策实施力度　确保经济运行在合理区间 / 黄守宏主编．-- 北京：中国言实出版社，2020.9

ISBN 978-7-5171-3555-5

Ⅰ．①中… Ⅱ．①黄… Ⅲ．①中国经济—经济发展—调查研究—2020 Ⅳ．① F124

中国版本图书馆 CIP 数据核字（2020）第 163231 号

出 版 人　王昕朋
责任编辑　张　丽
责任校对　罗　慧

出版发行　中国言实出版社
地　址：北京市朝阳区北苑路 180 号加利大厦 5 号楼 105 室
邮　编：100101
编辑部：北京市海淀区花园路 6 号院 B 座 6 层
邮　编：100088
电　话：64924853（总编室）　64924716（发行部）
网　址：www.zgyscbs.cn
E-mail：zgyscbs@263.net

经　　销　新华书店
印　　刷　北京温林源印刷有限公司
版　　次　2021 年 1 月第 1 版　2021 年 1 月第 1 次印刷
规　　格　710 毫米 ×1000 毫米　1 / 16　14.5 印张
字　　数　180 千字
定　　价　58.00 元　ISBN 978-7-5171-3555-5

本书编委会

CONTENTS 目录

二、着力缓解企业融资难融资贵问题

紧扣全面建成小康社会目标任务 做好“六稳”工作 落实“六保”任务

——2020年《政府工作报告》解读

（代序）

黄守宏

刚刚闭幕的十三届全国人大三次会议，审议通过了李克强总理所作的《政府工作报告》（以下简称《报告》）。《报告》坚持以习近平新时代中国特色社会主义思想为指导，深入贯彻党的十九大和十九届二中、三中、四中全会以及中央经济工作会议精神，按照以习近平同志为核心的党中央关于统筹推进新冠肺炎疫情防控和经济社会发展工作的重大决策部署，总结了过去一年和今年以来的政府工作，阐述了今年推动经济社会发展的总体要求、主要预期目标、宏观政策取向，对下一阶段重点工作作出了部署，是做好政府工作的纲领性文件。

一、来之不易、成之惟艰的经济社会发展和疫情防控成就

过去一年和今年前几个月，对我国来说是极不寻常、充满严峻考验的一个时期。2019 年我国发展面对的是世界经济增速降至国际金融危机 10 年来最低、国际经贸摩擦加剧的外部环境，面对的是国内诸多矛盾交织叠加、经济下行压力加大的复杂局面。这场突如其来的新冠肺炎疫情，是第二次世界大战以来全球面临的最严重的公共卫生和经济社会发展危机，也是新中国成立以来我国遭遇的传播速度最快、感染范围最广、防控难度最大的重大突发公共卫生事件，对经济社会发展带来极大冲击。

沧海横流，方显英雄本色。面对巨大困难挑战，以习近平同志为核心的党中央团结带领全国各族人民万众一心，顽强拼搏、攻坚克难。完成 2019 年全年主要目标任务，为全面建成小康社会打下决定性基础。武汉保卫战、湖北保卫战取得决定性成果，疫情防控阻击战取得重大战略成果，统筹推进疫情防控和经济社会发展工作取得积极成效。

2019 年经济社会发展成就主要有以下几个方面。**一是经济运行总体平稳。**国内生产总值 99.1 万亿元，按照年平均汇率折算为 14.4 万亿美元，占世界经济比重达

到16%左右。国内生产总值比上年增长6.1%，继续在世界主要经济体中名列前茅，对世界经济增长贡献率达30%左右。人均国内生产总值突破1万美元。根据世界银行数据，2018年全球人均国内生产总值在1万美元以上的国家，人口总规模约15亿。随着总人口达14亿的中国步入这一行列，全球人均国内生产总值在1万美元以上的国家人口规模接近30亿，占全球人口的38%。就业形势保持稳定，城镇新增就业1352万人，调查失业率在5.3%以下。居民消费价格上涨2.9%，处在合理区间。国际收支基本平衡，外汇储备保持在3万亿美元以上。**二是经济结构和区域布局继续优化。**社会消费品零售总额超过40万亿元，最终消费支出对经济增长的贡献率达到57.8%。先进制造业、现代服务业较快增长。粮食产量1.33万亿斤。常住人口城镇化率首次突破60%。重大区域战略深入实施，区域协同发展格局进一步优化。**三是发展新动能不断增强。**科技创新取得一批重大成果。我国在全球创新指数排名第14位，比上年上升3位。新兴产业持续壮大，传统产业加快升级。大众创业万众创新深入开展，全年新登记市场主体2377万户，年末市场主体总数达1.2亿户，企业数量日均净增1万户以上。**四是改革开放迈出重要步伐。**供给侧结构性改革继续深化，重要领域和关键环节改革力度加大。全年减税降费2.36万亿元，超过原定的近 2 万亿元规模，制造业、民营和小微企业是主要受益者。政府机构改革任务完成。简政放权、放管结合、优化服务改革纵深推进，市场准入负面清单继续缩减，取消和下放一批行政审批事项。世界银行《2020 年全球营商环境报告》显示，我国营商环境排名跃升至第 31 位，比上年上升 15 位。深化国资国企改革。落实支持民营经济发展政策。财税、金融、农村、社会事业、生态环保等领域改革有序推进。推动全方位对外开放。共建“一带一路”取得新成效。出台外商投资法及其实施条例。增设 6 个自贸试验区和上海自贸试验区临港新片区，新设 24 个跨境电商综合试验区。缩减外资准入负面清单。进出口规模基本稳定、结构继续优化，实际使用外资保持增长、质量进一步提高。**五是三大攻坚战取得关键进展**。脱贫攻坚取得决定性成就，农村贫困人口减少 1109 万人，贫困发生率降至 0.6%。污染防治持续推进，主要污染物排放量继续下降。重点领域风险得到有效防控，金融运行总体平稳。**六是民生进一步改善**。全国居民人均可支配收入超过 3 万元，城乡居民收入差距继续缩小。退休人员基本养老金、居民医保、城乡低保、专项救助、抚恤补助等标准继续提高。药品集中采购和使用试点扩展到全国，高血压和糖尿病门诊用药纳入医保报销、惠及 3 亿多患者。城镇保障房建设和农村危房改造深入推进。义务教育阶段学生生活补助人数增加近40%，高职院校扩招100万人。改革发展成果更多更公平惠及人民群众。

新冠肺炎疫情发生后，党中央将疫情防控作为头等大事来抓，习近平总书记亲自指挥、亲自部署，坚持把人民生命安全和身体健康放在第一位，领导全党全军全国各族人民打好疫情防控的人民战争、总体战、阻击战。党中央统筹全局，及时制定疫情防控战略策略，提出坚定信心、同舟共济、科学防治、精准施策的总要求，果断采取一系列重大防控和救治举措。我们在没有经验可以借鉴的情况下，用一个多月的时间初步遏制了疫情蔓延势头，用两个月左右的时间将本土新增病例控制在个位数以内，用3个月左右的时间取得了武汉保卫战、湖北保卫战的决定性成果，充分展现了中国力量、中国精神、中国效率。我们本着公开、透明、负责任态度，第一时间向世卫组织和各国通报疫情，毫不保留地分享防疫技术和经验，积极开展疫情防控国际合作，尽己所能向有关国家和国际组织提供帮助，彰显了一个负责任大国的担当。

对我们这样一个拥有14亿人口的发展中国家来说，能在较短时间内有效控制疫情，保障了人民基本生活，十分不易、成之惟艰。这次疫情防控斗争实践充分表明，以习近平同志为核心的党中央具有驾驭复杂局面的高超能力，具有应对困难和挑战的坚定决心，在分析判断形势、推动工作方面具有远见卓识。这次疫情防控斗争实践再次证明，中国共产党领导和我国社会主义制度、我国国家治理体系具有强大生命力和显著优越性，能够战胜任何艰难险阻，能够为人类文明进步作出重大贡献。

我们在防控疫情前提下统筹推进经济社会发展。不失时机推进复工复产，着力帮助企业解决防疫物资、用工、上下游配套等问题，推出实施阶段性援企稳岗、减免部分税费、免收所有收费公路通行费、加强金融支持、将价格临时补贴标准提高1倍、上调退休人员基本养老金等8个方面90项重大政策。这些政策使广大人民群众从中受益，及时有效促进了保供稳价和复工复产，我国经济表现出坚强韧性和巨大潜能。

二、实事求是、积极稳妥的总体部署

今年是我国发展史上具有里程碑意义的一年。做好政府工作，要在以习近平同志为核心的党中央坚强领导下，以习近平新时代中国特色社会主义思想为指导，全面贯彻党的十九大和十九届二中、三中、四中全会精神，坚决贯彻党的基本理论、基本路线、基本方略，增强“四个意识”、坚定“四个自信”、做到“两个维护”，紧扣全面建成小康社会目标任务，统筹推进疫情防控和经济社会发展工作，在疫情防控常态化前提下，坚持稳中求进工作总基调，坚持新发展理念，坚持以供给侧结构性改革为主线，坚持以改革开放为动力推动高质量发展，坚决打好三大攻坚战，加大“六稳”工作力度，保居民就业、保基本民生、保市场主体、保粮食能源安全、保产业链供应链稳定、保基层运转，坚定实施扩大内需战略，维护经济发展和社会稳定大局，确保完成决战决胜脱贫攻坚目标任务，全面建成小康社会。

当前和今后一个时期，我国发展面临的挑战前所未有，必须增强忧患意识和底线思维。越是面对困难，越要用全面、辩证、长远的眼光看待我国发展，越要坚定信心。这次疫情虽然对我国经济社会发展带来严重冲击和影响，但这些冲击和影响是阶段性的、总体可控的，我国发展的基本支撑、内在动因没有改变。我国发展仍处于重要战略机遇期，有独特的政治和制度优势，有改革开放以来积累的雄厚物质技术基础，有世界上门类最为齐全的产业体系，有超大规模的市场优势和内需潜力，有庞大的人力资本和人才资源，有充足的政策空间和应对工具，新的增长点增长极加快成长。特别是我们有以习近平同志为核心的党中央的坚强领导，有习近平新时代中国特色社会主义思想的科学指导，完全有条件、有能力、有信心战胜各种风险挑战，保持经济长期向好的基本面。

明者因时而变，知者随事而制。面对新情况新问题新挑战，党中央、国务院本着尊重经济规律和实事求是的原则，深入贯彻新发展理念，综合研判形势，根据需要与可能，对疫情前考虑的发展预期目标作了适当调整，对各项政策作了相应安排。

《报告》提出了今年经济社会发展的主要目标任务。今年要优先稳就业保民生，坚决打赢脱贫攻坚战，努力实现全面建成小康社会目标任务；城镇新增就业 900 万人以上，城镇调查失业率 6% 左右，城镇登记失业率 5.5% 左右；居民消费价格涨幅 3.5% 左右；进出口促稳提质，国际收支基本平衡；居民收入增长与经济增长基本同步；现行标准下农村贫困人口全部脱贫、贫困县全部摘帽；重大金融风险有效防控；单位国内生产总值能耗和主要污染物排放量继续下降，努力完成“十三五”规划目标任务。

《报告》没有提出全年经济增速具体目标，对此各方面高度关注。这是经过反复考虑决定的。在正常的发展环境条件和经济结构不断优化等情况下，经济增速可以较为全面反映经济运行的总体状况、发展态势和最终成果，较好代表就业、民生等改善情况，同时经济增速作为基础性、综合性指标，是制定其他发展目标、确定宏观政策的参照基点。确定一个合理的、符合实际情况的经济增速预期目标，对做好各方面工作具有很强的导向作用。长期以来，除个别年份外，《报告》均提出当年国内生产总值增长速度预期目标。鉴于今年的情况极为特殊，《报告》没有提出全年经济增速具体目标，出于多方面的考量，对此要全面理解和把握。

第一，我国发展面临诸多不确定不稳定因素，缺乏制定较为准确的全年经济增速具体目标的客观基础和条件。从外部环境看，全球疫情仍在扩散蔓延，什么时候结束难以预计，受其影响，世界经济衰退程度、国际产业链供应链恢复进度、全球贸易与投资增长状况等都存在变数。我国经济深度融入世界经济，外部环境的高度不确定性对我国发展必然带来严重影响。从国内看，经济发展面临一些难以预料的影响因素。今后一个阶段境外疫情输入、境内疫情反弹风险持续存在，对经济发展来说始终是一把“达摩克里斯之剑”，同时前期被疫情打乱的产业循环、市场循环、经济社会循环的完全修复和顺畅尚需努力，特别是在常态化疫情防控背景下经济增长的内在机理、特点等异于平常，扰动因素也大为增加，作为反映经济运行状况和态势的经济增速指标的作用和意义大打折扣甚至会与实际情况相背离。在这种情况下，不提出全年经济增速具体目标，体现了实事求是精神，是遵循经济规律的科学选择。如果勉强制定一个经济增速目标，也难以起到应有的导向作用，甚至可能带来负面效应。

第二，在我国遭遇历史罕见的疫情冲击背景下，《报告》强调优先稳就业保民生、坚决打赢脱贫攻坚战，有利于引导各方面集中精力抓好“六稳”“六保”，以更好体现保障和改善民生这个发展的根本目的。在正常情况下，经济增长速度与就业增加、民生改善等之间具有直接的关联效应。比如，近几年国内生产总值每增长1个百分点，带动约200万人就业。2018年以来，针对复杂严峻的外部环境和较大的国内经济下行压力，党中央、国务院提出要稳就业、稳金融、稳外贸、稳外资、稳投资、稳预期。我们通过加强“六稳”工作，稳住了经济增长，促进了就业增加和民生改善。今年以来，为对冲疫情对就业民生的影响，我们在统筹疫情防控和经济社会发展中实施一系列保就业、保民生政策，虽然一季度国内生产总值同比下降6.8%，但城镇新增就业229万人，居民人均可支配收入比上年同期名义增长0.8%，扣除价格因素，实际下降3.9%、低于经济降幅。这说明，在特殊情况下，通过直接有力的举措来保就业保民生是可行的、有效的。《报告》没有提出全年经济增速具体目标，而是强调“要优先稳就业保民生，坚决打赢脱贫攻坚战，努力实现全面建成小康社会目标任务”，主要是为了引导和调动各方面资源直接用于支持保就业保民生和脱贫攻坚。这是非常时期采取的直抓根本、直接惠民利企的非常之策。如果不是这样做，而是继续按常规确定全年经济增速具体目标的话，那经济政策就要基于实现这个目标来制定，宏观调控就要围绕实现这个目标来进行，各方面的注意力也会聚焦这个目标。在当前经济增速下滑情况下，各地区各部门的精力就会集中在保速度上，社会上也会因速度高一点低一点而纠结，不利于保就业保民生。所以不提经济增速具体目标，有利于引导各方面理性平和地看待速度，有利于各地区从速度焦虑、数字包袱中解脱出来，专注于做好“六稳”工作、落实“六保”任务。如果“六稳”“六保”做到了，自然会带来一定的经济增长。

第三，我们已经奠定了全面建成小康社会的决定性基础，落实好《报告》提出的部署安排和政策措施，全面建成小康社会目标就一定能如期实现。改革开放之后，我们党对我国社会主义现代化建设作出战略安排，提出“三步走”战略目标。解决人民温饱问题、人民生活总体上达到小康水平这两个目标已提前实现。党的十八大在十六大、十七大确立的全面建设小康社会目标基础上，提出了新的要求。党的十九大再次强调，到建党一百年时建成经济更加发展、民主更加健全、科教更加进步、文化更加繁荣、社会更加和谐、人民生活更加殷实的小康社会。这说明，随着中国特色社会主义事业不断向前推进，人民生活水平不断提高，全面建成小康社会的内涵越来越丰富。习近平总书记指出：“全面建成小康社会，强调的不仅是‘小康’，而且更重要的也是更难做到的是‘全面’。”全面建成小康社会是一场重大而深刻的社会变迁，是社会的全面发展、全面进步，涉及经济、政治、文化、社会、生态等诸多方面。反映或衡量全面建成小康社会的是一个完整、系统、综合性的目标体系，“十三五”规划中包括了全面建成小康社会目标的主要内容，其中有25项主要指标。经过持续努力，预计到年底，这些主要指标绝大部分可以超额完成或全面完成。其中关于实现国内生产总值和城乡居民人均收入比2010年翻一番目标，通过这些年的持续发展，目前已接近达到目标。小康不小康，关键看老乡。2019年年底农村贫困人口剩余551万人，过去这几年每年脱贫都是1000万人以上，今年虽然疫情增加了脱贫难度，但我们有把握完成脱贫攻坚任务。这是实现全面建成小康社会目标的标志。

第四，稳定经济运行事关全局，必须全力以赴稳住经济基本盘，守住“六保”底线，把疫情造成的损失降到最低程度。《报告》没有提出今年经济增速具体目标，决不意味着经济增长不重要。只有保持适度的经济增长，才能稳住就业、保住基本民生、实现脱贫目标，也才能有效防范各类风险隐患集中暴发。在当前经济增速下滑的情况下，决不能“脚踩西瓜皮、滑到哪里算哪里”。怎么样才能稳住增长？《报告》指出，要用改革开放办法，稳就业、保民生、促消费，拉动市场、稳定增长，走出一条有效应对冲击、实现良性循环的新路子。

实现今年发展主要目标任务，必须坚持稳中求进工作总基调。宏观政策要在“更加”两个字上下功夫，以更大的力度、更有效的举措对冲疫情影响，同时要加强财政、货币、就业政策的相互协调配合，统筹产业、消费、投资、区域等政策，最大限度发挥政策效力。

《报告》指出，积极的财政政策要更加积极有为。这主要体现在三个方面。一是加大财政政策实施力度。从提高赤字率、发行抗疫特别国债、大幅增加地方政府专项债券发行规模、加大减税降费力度等方面综合施策，今年赤字率拟按3.6%以上安排、比2019年高出0.8个百分点以上，财政赤字安排3.76万亿元、比2019年增加1万亿元。发行1万亿元抗疫特别国债。二是创新财政政策实施机制。增加的1万亿元财政赤字和发行的1万亿元抗疫特别国债全部转给地方，建立特殊转移支付机制，资金直达市县基层、直接惠企利民，主要用于保就业、保基本民生、保市场主体，包括支持减税降费、减租降息、扩大消费和投资等，强化公共财政属性，决不允许截留挪用。地方政府专项债券要优化调整使用方式，增强对社会资本的撬动作用。三是大力优化财政支出结构。今年政府四大预算收入约32万亿元，提升绩效的空间和潜力很大，要优化资金配置。基本民生支出只增不减，重点领域支出要切实保障，一般性支出要坚决压减。各类结余、沉淀资金要应收尽收、重新安排。各级政府要真正过紧日子。中央和省级政府带头压减支出。过去中央财政本级支出增速大部分年份在 7% 以上，今年下决心按负增长安排，其中非急需非刚性支出压减 50% 以上。中央对地方转移支付增长 12.8%。财政政策要从“质”与“量”两方面发力，更好发挥对稳定经济运行的关键作用。

《报告》指出，稳健的货币政策要更加灵活适度。受疫情影响，当前企业特别是中小微企业资金链稳定面临巨大压力，融资难融资贵问题加剧。《报告》指出，综合运用降准降息、再贷款等手段，引导广义货币供应量和社会融资规模增速明显高于 2019 年。2019 年末广义货币 M_2 余额同比增长 8.7%，社会融资规模存量同比增长 10.7%，均高于国内生产总值 7.8% 的名义增速。今年广义货币和社会融资规模增速要明显高于 2019 年，而国内生产总值名义增速大概率将低于 2019 年，这意味着今年将保持流动性合理充裕。关键是畅通货币政策传导渠道，提升货币政策实施效果。《报告》强调，今年要创新直达实体经济的货币政策工具，务必推动企业便利获得贷款，推动利率持续下行。要继续保持人民币汇率在合理均衡水平上基本稳定。

《报告》指出，就业优先政策要全面强化。就业是最大的民生。受疫情影响，今年就业压力空前。要综合施策，协同运用宏观政策、微观政策和社会政策，努力稳定现有就业，积极增加新的就业，促进失业人员再就业。财政、货币和投资等政策要聚力支持稳就业。稳就业是地方政府责任，各地要清理取消对就业的不合理限制，促就业举措要应出尽出，拓岗位办法要能用尽用。只要就业能稳住，收入增加和内需扩大就有了基础，就能实现经济良性循环和社会和谐稳定。

《报告》对坚决打好三大攻坚战提出了明确要求。脱贫是全面建成小康社会必须完成的硬任务，要坚持现行脱贫标准，增加扶贫投入，强化扶贫举措落实，确保剩余贫困人口全部脱贫，健全和执行好返贫人口监测帮扶机制，巩固脱贫成果。要打好蓝天、碧水、净土保卫战，实现污染防治攻坚战阶段性目标。加强金融等领域重大风险防控，坚决守住不发生系统性风险底线。

《报告》指出，出台的政策既保持力度又考虑可持续性，根据形势变化还可完善。这就是说，《报告》中提出的各项政策措施是基于当前形势和经济运行态势制定的，如果下一阶段形势发生重大变化、经济发展状况持续恶化、危及“六保”底线，我们还会出台新的政策。在这方面，我们是有政策手段的。比如，包括今年新出台的各项财政政策在内，我国政府负债率还不到50%，低于欧盟60%的警戒线，也低于主要市场经济国家和新兴市场国家水平，有进一步加大财政政策力度的空间。

概括起来讲，理解和把握《报告》提出的目标任务和宏观政策，要注重以下五个方面。

一是把握常态化疫情防控这个大前提。疫情防控情况是下一阶段影响我国发展的最大变数。我国疫情防控阻击战取得重大战略成果，但现在全球疫情仍在蔓延，输入风险始终存在，国内聚集性疫情时有发生。当前我国疫情已从前一段时间的应急性防控转向常态化防控，这种局面可能要维持相当长时间。习近平总书记反复强调，要时刻绷紧疫情防控这根弦。因为疫情一旦大规模反弹而控制不住的话，整个经济社会进程又会被打乱。疫情防控不能放松，同时经济社会发展又不能等，民生就业的问题也不能等，怎么办？党中央提出，要健全常态化疫情防控机制，一旦出现疫情要做到及时发现、快速处置、精准管控、有效救治，确保疫情不反弹。在此前提下，要加快推进全面复工复产、复市复业，畅通产业循环、市场循环、经济社会循环。《报告》提出的发展目标任务、政策举措和工作部署，都基于常态化疫情防控这个前提。

二是把握"六保"这个着力点。《报告》指出，"六保"是今年"六稳"工作的着力点，这旨在稳住经济基本盘、兜住民生底线。"六保"是针对新挑战提出的积极的、进取的而不是消极的任务。有的人讲“保”是被动的、防守的、消极的，实则不然。平常情况下，我们往前走、发展快一点，这是积极进取的。当遇到外部强烈冲击时，我们能站稳脚跟、不后退甚至少后退，待冲击过后再往前走，这本身也是积极的。面对前所未有的挑战，稳住经济基本盘、稳住市场主体，就是保护社会生产力、保住今后发展的根基。兜住民生底线，就奠定了经济发展和社会稳定的基础。今年的各项政策主要是围绕“六稳”特别是“六保”制定的，其中又聚焦保就业、保基本民生、保市场主体。

三是把握脱贫攻坚这个硬任务。脱贫是全面建成小康社会的标志性指标。党中央对脱贫攻坚高度重视，党的十八大以来，习近平总书记亲自挂帅、亲自出征、亲自督战脱贫攻坚。经过不懈努力，脱贫攻坚已取得决定性成就。这次疫情给脱贫攻坚带来了不利影响，也加大了返贫风险。为确保脱贫攻坚决战决胜，《报告》提出了针对性强、力度大的举措。今年脱贫目标一定能实现，这意味着我国提前 10 年实现联合国 2030 年可持续发展议程的减贫目标，是中国对全球减贫事业作出的巨大贡献。

四是把握扩大内需这个战略基点。我国有 14 亿人口，人均 GDP 突破 1 万美元，居民消费正在优化升级，拥有超大规模并极具发展潜力的消费市场。同时我国正处于新型工业化、信息化、新型城镇化、农业现代化深入发展阶段，有效投资需求潜力很大。这二者有机结合起来就形成了巨大的内需潜力，是我国经济发展的最大优势所在。只要把这个潜力和优势发挥出来，就能形成拉动经济增长的持久而强劲的动力。《报告》提出，要坚定实施扩大内需战略。这既是当前应对疫情冲击、促进经济回升向好的需要，是保持我国经济长期持续健康发展的需要，是满足人民日益增长的美好生活需要，还是应对外部环境不确定性、牢牢把握发展主动权的需要。我们要通过实施扩大内需战略，并与努力稳定和拓展外需相结合，构建国内国际双循环相互促进的新发展格局。

五是把握改革开放这个大逻辑。应对前所未有的挑战，实现发展目标任务，要靠什么？有些人担心，我们会不会走铺摊子、粗放增长的老路，会不会采取为维持短期增长而损害长期发展的做法？对此，《报告》明确回应，要用改革开放的办法。改革开放是过去 40 多年推动中国取得巨大成就的制胜法宝，可以说，这一法宝屡试不爽，现在同样也不例外。《报告》中提出的促进经济社会发展政策包括“六稳”“六保”新举措，可以说念的是改革开放的“经”、用的是改革开放的“招”、走的是改革开放的路，以充分激发广大人民群众的积极性和创造性。

三、重点突出、精准有力的工作部署

今年已过去5个月，下一阶段要按照以习近平同志为核心的党中央决策部署，毫不放松常态化疫情防控，着力做好经济社会发展各项工作。对此，《报告》作出了部署安排。

（一）加大宏观政策实施力度，着力稳企业保就业。我国有上亿户市场主体，这是经济发展的活力源泉。特别是量大面广的中小微企业、个体工商户吸纳90%以上的城镇就业，关系亿万家庭生计，在这次疫情中受到冲击和影响最大。只有尽力帮助这些市场主体渡过难关、防止出现大规模倒闭，经济增长才有基础，就业才有支撑，人民生活才有保障。《报告》对此提出了有力的政策举措。

加大减税降费力度。《报告》按照强化阶段性政策与落实制度性安排相结合的思路，从三个方面提出了减税降费举措。一是继续执行2019年出台的下调增值税税率和企业养老保险费率政策。由于这两项大规模减税降费政策是分别于2019年4月份、5月份开始实行的，今年全年实施，新增减税降费约5000亿元。二是延长前期出台的阶段性减税降费政策执行期限。今年以来，为对冲疫情影响，我们出台了一批6月前到期的阶段性减税降费政策。包括免征中小微企业养老、失业和工伤保险单位缴费，减免小规模纳税人增值税，免征公共交通运输、餐饮住宿、旅游娱乐、文化体育等服务增值税，减免民航发展基金、港口建设费，这些政策执行期限全部延长到今年年底。对受疫情影响较大的交通运输、餐饮、旅游等行业企业，亏损结转年限由5年延长至8年。中小微企业和个体工商户在市场主体中占大头，也是就业的最大容纳器，各项惠企纾困政策要倾斜支持、及时覆盖。今年小微企业、个体工商户所得税缴纳一律延缓到明年。延长支持疫情防控保供相关税费政策实施期限。三是围绕稳企业保就业新近推出一些减税降费政策。比如对电影等行业给予税费支持等。预计全年为企业新增减负超过2.5万亿元。

推动降低企业生产经营成本。《报告》从推动降低企业用能、用网、房租、物流等成本方面提出了具体措施。从国际比较看，我国居民和农业用电价格相对较低，但一般工商业特别是大工业用电价格偏高一些。这两年，我们已连续出台一般工商业平均电价降低10%的政策。今年我们又出台降电价政策，明确从2月1日至6月30日，将除高耗能行业外的大工业和一般工商业用户电价降低5%。《报告》明确，这一政策将延长到今年年底。最近几年，我国持续推动网络提速降费，不仅使群众普遍受惠、企业广泛受益，也有力推动了数字经济迅速发展。今年要在近几年资费大幅度降低基础上，实现宽带和专线平均资费再降低15%。疫情发生以来，一些行业领域企业、商户经营困难，但房屋租金等刚性支出压力凸显，甚至成了一些中小微企业和个体工商户不可承受之重。为此，《报告》提出减免国有房产租金，鼓励各类业主减免或缓收房租，并予以政策支持。同时，要求坚决整治涉企违规收费，防止各种乱收费死灰复燃。

强化对稳企业的金融支持。当前企业特别是中小微企业现金流极为紧张，维护资金链安全是稳企业最迫切的任务。为此，《报告》提出了几条重要举措。一是继续延长中小微企业贷款延期还本付息政策执行期限。在疫情发生后，有关部门出台了对符合条件、流动性暂时遇到困难的中小微企业、个体工商户贷款本金和利息给予临时性延期偿还安排政策，即对于2020年1月25日以来到期的中小微企业贷款本金及利息，最长可延长至2020年6月30日偿还，并免收罚息。鉴于当前中小微企业经营困难加剧情况，《报告》明确，中小微企业贷款延期还本付息政策再延长到明年3月底，其中对普惠型小微企业贷款应延尽延，对其他困难企业贷款由企业与银行协商延期。二是鼓励和支持金融机构对中小微企业增加信贷投放、扩大覆盖面。长期以来，中小微企业贷款难的一个重要原因是银企信息不对称，企业缺乏合格抵质押物。针对这一问题，《报告》提出要促进涉企信用信息共享，并要求银行利用金融科技和大数据降低服务成本，提高服务精准性，对小微企业大幅增加信用贷款、提高首次贷款比例。大型商业银行全年普惠型小微企业贷款增速要高于40%。过去银行往往要求企业先还本再续贷，考虑到企业经营困难、资金紧张情况，《报告》要求大幅增加对小微企业的无还本续贷，以防止随意抽贷、断贷、压贷，避免造成资金链断裂。针对目前政府性融资担保的规模和占比较低、费率较高等问题，《报告》提出要大幅提高政府性融资担保覆盖面并明显降低费率。在鼓励银行增加对企业贷款的同时，要支持企业扩大债券融资。三是完善激励约束机制。为鼓励银行敢贷、愿贷、能贷，《报告》要求完善考核激励机制。包括要完善银行绩效评价指标体系和金融机构内部考核机制，落实尽职免责条款，阶段性放宽银行资本、拨备和不良资产核销等要求，有效增加中小银行低成本资金来源。加强监管，防止资金“空转”套利、脱实向虚或“垒大户”。为保市场主体，《报告》强调，一定要让中小微企业贷款可获得性明显提高，一定要让综合融资成本明显下降。

*千方百计稳定和扩大就业。*疫情对部分行业特别是住宿餐饮、旅游娱乐、居民服务等行业带来重创，企业停工歇业现象增多、用人需求减少。《报告》要求，加强对重点行业、重点群体就业支持。高校毕业生占新成长劳动力的一半以上，是宝贵的人才资源，承载着家庭的希望，是做好就业工作的重中之重。今年高校应

届毕业生比上年增加40万人、达到874万人，再创历史新高，留学人员回国就业人数也明显增多。受疫情影响，今年高校毕业生招聘需求下滑、求职面试受限、选择余地明显收窄。《报告》对促进高校毕业生就业作出了安排。主要是，促进市场化社会化就业，对增加高校毕业生招用的企业予以政策支持；扩大基层服务项目等招聘，包括增加“特岗计划”“三支一扶”招募规模，拓展科研、社区、医疗等基层岗位，增加中小学和幼儿园教师招聘数量，提高各级事业单位空缺岗位用于招聘高校毕业生的比例；增加硕士研究生招生规模；扩大高校毕业生应征入伍规模；高校和属地政府要提供不断线的就业服务。《报告》对做好退役军人、农民工等其他重点群体就业和帮扶残疾人、零就业家庭等困难群体就业工作也提出了要求。要加强劳动者权益保护，防止和纠正性别、身份、地域等就业歧视。现在我国灵活就业人员数以亿计，其中既包括传统的各类零工、企业非全日制用工、无雇工的个体工商户等，也包括近年来快速增长的电商、快递等新业态的就业人员。这些人员流动性大、社会保障政策存在缺失，受疫情影响较大。针对当前灵活就业人员面临的困难，《报告》提出了相关扶持政策。今年对低收入人员实行社保费自愿缓缴政策，涉及就业的行政事业性收费全部取消。当前我国就业总量问题和结构性问题并存，特别是高技能人才供需缺口达2000万人，成为产业转型升级的重要制约因素。统筹考虑缓解当前就业压力和高技能人才短缺问题，在2019年职业技能提升和转岗转业培训超过1500万人次、高职院校扩招100万人基础上，今明两年职业技能培训3500万人次以上、高职院校扩招200万人，让更多青年凭借一技之长实现人生价值，也为推动高质量发展提供更加有力的人才支撑。

（二）依靠改革激发市场主体活力，增强发展新动能。经济发展的动力来自于市场主体的活力。在当前困难情况下，保住市场主体并努力稳定其活跃度，是“六保”的重要任务。这要靠深化改革，大力破除体制机制障碍，让市场在资源配置中起决定性作用、更好发挥政府作用，增强内生发展动力。

*深化“放管服”改革。*营商环境就是生产力、竞争力，其优劣直接影响市场主体的兴衰、生产要素的聚散、发展动力的强弱。这些年，我们持续推进“放管服”改革，营商环境明显改善。经济社会发展形势越是严峻，越要千方百计优化营商环境。要在常态化疫情防控前提下，对前期采取的一些应急管控措施该坚持的坚持、该完善的完善、该清理取消的清理取消，促进全面复工复产、复市复业。要进一步缩减市场准入负面清单，制定和完善行政许可事项等清单，清理规范备案、登记等管理措施，坚决防止变相审批。经营场所是企业登记注册的核心条

件之一，目前一些地方对中小微企业、个体工商户登记注册时提出的经营场所要求过高，增加了创业难度、抬高了创业成本。《报告》要求放宽登记经营场所限制，便利各类创业者注册经营、及时享受扶持政策。要深化“证照分离”改革，使企业更便捷拿到营业执照并尽快正常运营，克服“准入不准营”的现象。推动更多服务事项一网通办，做到企业开办全程网上可办。公平竞争是市场经济的灵魂，只有公平竞争，才能使市场活而不乱，实现优胜劣汰，否则就会“劣币驱逐良币”。公平竞争有赖于公正监管。要健全公开透明的监管规则和标准体系，严格规范行政执法，以公正监管维护市场公平竞争，持续打造市场化、法治化、国际化营商环境。

*推进要素市场化配置改革。*完善的现代市场体系不仅包括发达的商品市场体系，还要有健全的要素市场体系。与商品市场相比，我国要素市场发育还不充分，存在市场决定要素配置范围有限、要素流动存在体制机制障碍、要素价格传导机制不畅等问题。这影响了市场对资源配置决定性作用的发挥，成为高标准市场体系建设的一个突出短板。深化要素市场化配置改革，是建设统一开放、竞争有序市场体系的内在要求，是坚持和完善社会主义基本经济制度、加快完善社会主义市场经济体制的重要内容。今年3月，党中央、国务院印发的关于构建更加完善的要素市场化配置体制机制的意见，就扩

大要素市场化配置范围、促进要素自主有序流动、加快要素价格市场化改革、健全要素市场运行机制等进行了全面部署。《报告》对推进资本、土地、人才、技术、数据等要素市场化配置改革提出了要求。

提升国资国企改革成效。今年要实施国企改革三年行动，提高国有企业活力和效率。要加快形成完善的中国特色现代企业制度，完善公司治理结构，健全市场化经营机制。要完善以管资本为主的国有资产监管体制，推行出资人监管权责清单管理。分层分类深化混合所有制改革。今年基本完成剥离办社会职能和解决历史遗留问题。推动国有经济布局优化和结构调整，聚焦发展实体经济，更好服务国家战略。要通过改革，增强国有经济竞争力、创新力、控制力、影响力、抗风险能力，做强做优做大国有资本和国有企业。

优化民营经济发展环境。民营经济是创业就业、技术创新的重要主体和国家税收的重要来源。要全面落实党中央、国务院关于支持民营企业改革发展的各项举措，营造公平竞争的市场环境、精准有效的政策环境、平等保护的法治环境。要保障民营企业平等获取生产要素和政策支持，清理废除与企业性质挂钩的不合理规定。要限期完成清偿政府机构、国有企业拖欠民营和中小企业款项的任务。《报告》强调，构建亲清政商关系，促进非公有制经济健康发展。要健全政企沟通机制，完善涉企政策制定和执行机制，及时帮助民营企业解决遇到的困难和问题，提振企业家发展信心。

推动制造业升级和新兴产业发展。制造业是一个国家经济的骨架，代表着综合实力、核心竞争力和抗风险能力。经过多年努力，我国成为世界第一制造大国，是全世界唯一拥有联合国产业分类中全部工业门类的国家，但总体上看，制造业大而不优、大而不强，仍处于全球产业链的中低端。当前我国制造业发展面临严峻挑战，投资增长低迷、生产成本上升、产业链供应链循环受阻，亟待加快转型升级。《报告》要求，支持制造业高质量发展。要加快补齐制造业产业链短板，优化供应链布局，提升产业基础高级化、产业链现代化水平，大幅增加制造业中长期贷款。要发展工业互联网，推进智能制造，推动制造业向数字化、网络化、智能化、绿色化转变。发展研发设计、现代物流、检验检测认证等生产性服务业。近些年，我国新产业、新业态、新模式迅速成长，成为国民经济中最有活力、最具增长潜力的部分，不仅便利了群众生活，也为扩大就业提供了支撑。在这次抗击疫情中，电商网购、在线服务等新业态发挥了重要作用。如果没有这些新业态，疫情期间实行居家抗疫、隔离观察、小区封闭等很多管控措施都会增加难度。《报告》明确，要继续出台支持政策，全面推进“互联网+”，打造数字经济新优势。

提高科技创新支撑能力。科学技术是第一生产力，无论是抗击疫情，还是做好“六稳”“六保”工作，促进高质量发展，都离不开强有力的科技支撑。基础研究是科技创新的源头和先导。从世界科技发展史看，凡具有颠覆性、突破性的重大科技创新，都是基于基础科学的长期积累。这些年，我国在应用技术领域进步迅速，一些方面走在国际前列，但基础研究与世界科技强国相比还有较大差距，这是我国原始创新成果少的重要原因。《报告》提出，要稳定支持基础研究和应用基础研究，引导企业增加研发投入，促进产学研融通创新。各级财政要继续加大对基础研究投入，完善基础研究经费拨付和管理办法，大幅度提高稳定支持比例。同时，要落实和完善相关政策，引导企业加大研发投入特别是基础研究投入，形成支持基础研究的合力。完善关键核心技术攻关新型举国体制，加快建设国家实验室，重组国家重点实验室体系，发展社会研发机构。深化国际科技合作，广泛汇聚和利用全球创新资源。加强知识产权保护，健全知识产权侵权惩罚性赔偿制度，促进发明创造和转化运用。科技创新本质上是人的创造性活动。要围绕调动科技人员积极性、创造性，改革科技成果转化机制，畅通创新链，营造鼓励创新、宽容失败的科研环境。《报告》提出，要实行重点项目攻关“揭榜挂帅”，谁能干就让谁干。英雄不论出处，要在更多领域把需要攻关和转化的重大项目张出榜来，谁有本事谁就揭榜。这是深化科技体制改革的重大举措，有利于加快创新步伐，也有利于优秀人才脱颖而出。

深入推进大众创业万众创新。我国拥有世界上规模最大的人力人才资源，具有无限的创新创造潜能，只要充分释放出来，就能形成推动发展的强劲动力。《报告》提出了促进创业创新的扶持政策，包括支持创业投资和股权投资发展，增加创业担保贷款，深化新一轮全面创新改革试验，新建一批双创示范基地等。这些年，我国很多新业态新模式的快速发展，很大程度上得益于包容审慎监管方式。《报告》强调，要坚持包容审慎监管，发展平台经济、共享经济，更大激发社会创造力。我们既要支持探索创新，又要注意防范风险。对那些看得准的新生事物，要量身定制监管模式，给予足够的成长空间，不能削足适履，坚决取消各种不合理限制。对有些一时看不准的，也要多观察，不要一上来就管死。对那些潜在风险大、有可能造成严重不良社会后果的，要严格监管，发现问题果断出手。

（三）实施扩大内需战略，推动经济发展方式加快转变。我国内需潜力蕴藏在很多方面。《报告》提出了实施扩大内需战略的系统框架和路径，要求深化供给侧结构性改革，突出民生导向，使提振消费与扩大投资有效结合、相互促进。

推动消费回升。收入水平和收入预期是影响消费的重要因素。《报告》指出，要通过稳就业促增收保民生，提高居民消费意愿和能力。要优化消费环境，提供消费便利，支持餐饮、商场、文化、旅游、家政等生活服务业恢复发展，改造提升步行街。发展消费新业态新模式，推动线上线下融合，大力发展新零售，培育消费新增长点。过去相当长一段时间，汽车消费持续增长，对拉动消费增长发挥了重要作用。目前我国每千人汽车保有量为170多辆，不仅低于主要发达国家，也低于一些新兴市场国家，仍有提升空间。近几年汽车消费增速放缓的一个重要原因是城市停车位严重不足。《报告》提出，要促进汽车消费，大力解决停车难问题。我国老年人口数量多、老龄化速度快，60岁以上老年人口已达2.5亿，且以每年几百万人的速度增长，养老服务供给不足问题突出。实施全面两孩政策后，托幼服务需求猛增，而供给严重不足。要想群众之所想、急群众之所急，加快发展养老、托幼服务。随着生活水平提高和健康观念增强，人民群众对健康产品、健康服务的需求持续增长。我们要因势利导，发展大健康产业，增加健康产品和服务供给，创新服务模式，更好满足群众多层次、多元化、个性化的健康需求，把健康产业打造成国民经济的支柱产业。近几年，农村消费较快增长，仍有很大潜力。要支持电商、快递进农村，拓展农村消费。只要解决好民生关切，消费潜力就会不断释放。

扩大有效投资。我国发展中还有许多短板弱项，扩大有效投资空间广阔。最近一段时间，各方面对扩大有效投资有共识，但对重点投向有不同看法。《报告》立足推动经济高质量发展、满足人民群众需求，统筹考虑促消费惠民生、调结构增后劲，提出了把“两新一重”建设作为投资重点。一是加强新型基础设施建设。这旨在激发新消费需求、带动新兴产业壮大、助力传统产业转型升级。《报告》提出了两个方面的重点。一方面是发展新一代信息网络、拓展5G应用、建设数据中心，这有利于壮大数字经济，促进信息消费、智能消费等新产业新业态发展，更好满足群众对数字生活的新需求。另一方面是增加充电桩、换电站等设施，推广新能源汽车。近些年，为促进新能源汽车生产和消费，我们出台了一系列鼓励政策，新能源汽车产业较快增长。目前我国已经成为世界最大的新能源汽车生产和销售市场。但充电桩建设不足、充电不方便，是制约新能源汽车消费的一个重要因素。要科学规划充电桩布局，提高城市郊区、高速公路充电桩密度。二是加强新型城镇化建设。县城是新型城镇化的重要载体，也是联结城乡的重要节点。现在越来越多的农民选择到县城就业安家、安排子女上学。要大力提升县城公共设施和服务能力，扩大容量、增强功能。城镇老旧小区量大面广，公共服务设施不健全，居民生活有诸多不便。推进老旧小区改造，要全面规划、系统推进，既要搞好市政设施等硬件的提升，也要注重物业服务等软件的改善，既要完善便民生活服务设施，也要将加强公共卫生等应急能力建设一并考虑，不断充实老旧小区改造内容，使社区真正成为承载美好生活、完善社会治理的基础单元。今年新开工改造城镇老旧小区3.9万个、涉及700万户。三是加强交通、水利等重大工程建设。增加国家铁路建设资本金1000亿元，支持沿江沿海高铁、城际铁路等项目建设。完善公路网骨干线路，加快普通国省干线、内河航运等项目建设。推进机场改扩建工程，开工一批支线机场项目。加快在建重大水利工程进度，新开工一批重大水利工程。为支持“两新一重”建设，《报告》提出，今年拟安排地方政府专项债券3.75万亿元，比2019年增加1.6万亿元，提高专项债券可用作项目资本金的比例，中央预算内投资安排6000亿元。要优选项目，不留后遗症，让投资持续发挥效益。民间投资占投资的大头，扩大有效投资必须调动民间投资积极性。《报告》强调，要健全市场化投融资机制，支持民营企业平等参与。

深入推进新型城镇化。以人为核心的新型城镇化，既可带动居民增加消费，又可拉动有效投资，是扩大内需的综合大平台和最大潜力所在。我国常住人口城镇化率虽然超过60%，但是远低于发达国家水平，特别是户籍人口城镇化率不到45%，一些常住人口尚未完全享受城镇基本公共服务，新型城镇化有很大的发展和提升空间。要深化户籍制度改革，使更多农业转移人口在城市安家落户，推动城镇基本公共服务覆盖未落户常住人口。要发挥中心城市和城市群综合带动作用，促进不同规模的城市和小城镇协同发展，培育产业、增加就业，提高城市综合承载能力。坚持房子是用来住的、不是用来炒的定位，因城施策，促进房地产市场平稳健康发展。要完善便民、无障碍设施，让城市更宜业宜居。

加快落实区域发展战略。要统筹区域协调发展，改革完善相关机制和政策，促进要素合理流动、产业高效协同、供需有机衔接、比较优势充分发挥，构建带动全国高质量发展的新动力源。落实和完善推动西部大开发、东北全面振兴、中部地区崛起、东部率先发展的政策举措。深入推进京津冀协同发展、粤港澳大湾区建设、长三角一体化发展，打造世界级创新平台和增长极。落实长江经济带共抓大保护措施。编制黄河流域生态保护和高质量发展规划纲要。推动成渝地区双城经济圈建设。促进革命老区、民族地区、边疆地区、贫困地区加快发展。发展海洋经济。《报告》要求，要实施好支持湖北发展一揽子政策，支持保就业、保民生、保运转，促进经济社会秩序全面恢复。

提高生态环境治理成效。生态环境问题本质上是发展方式、经济结构和消费模式问题。推进生态环境治理，必须坚持标本兼治，着力解决突出问题，持续推动形成绿色发展方式和生活方式。要突出依法、科学、精准治污，增强污染治理的持续性、针对性、有效性。深化重点地区大气污染治理攻坚，加强工业、燃煤、机动车三大污染源治理。加强污水、垃圾处置设施建设，推进生活垃圾分类。优化环境治理方式，对企业既依法依规加强监管，又主动做好帮扶指导，防止简单粗暴关停。发展节能环保产业，是实现污染治理和经济发展的双赢之策。要完善价格、财税、金融等环境经济政策，引导社会资本进入环境治理领域，培育一批专业化骨干企业，做大做强节能环保产业。严惩非法捕杀、交易、食用野生动物行为。实施重要生态系统保护和修复重大工程，促进生态文明建设。要努力在高质量发展中实现高水平保护、在高水平保护中促进高质量发展。

保障能源安全。对我们这样一个人口众多的发展中国家来说，能源安全始终是关系全局的战略性问题。我国能源禀赋的特点是煤多、油少、气缺。这些年，我国石油、天然气消费量不断增长，对外依存度持续提高，2019 年分别为 70.8% 和 43%。当前，全球能源供需格局正在深刻调整，主要能源价格剧烈震荡，能源市场不稳定因素显著上升，给我国能源安全带来风险。当前和今后一个阶段，我国能源消费总量将继续增长，保障能源供应和安全任务艰巨，要系统谋划。要深入推进能源消费、供给、技术、体制革命和国际合作，发展多元能源供给。目前煤在能源消费中的比重仍接近60%，今后煤的消费占比会逐步下降，但以煤为主的能源结构短期内不可能根本改变。要在加强煤炭清洁高效利用上想办法、找出路，这既利于保障能源安全，也利于减少污染排放。要科学规划煤炭开发布局，加快输煤输电大通道建设，提高煤炭集中利用水平。发展水电、风电、光电等可再生能源，提高清洁能源消纳水平。要聚焦短板，加快推进石油、天然气、电力产供销体系建设，提高能源储备能力，增强油气安全储备和应急保障水平。

（四）确保实现脱贫攻坚目标，促进农业丰收农民增收。《报告》强调，要落实脱贫攻坚和乡村振兴举措，保障重要农产品供给，提高农民生活水平。

坚决打赢脱贫攻坚战。目前全国未摘帽的贫困县有52个，贫困人口超过1000人或贫困发生率超过10%的贫困村有1113个。要加大剩余贫困县和贫困村攻坚力度，推动政策、资金、帮扶力量予以倾斜，实施挂牌督战，及时帮助解决遇到的困难和问题，强化对特殊贫困人口兜底保障，确保贫困县如期摘帽、贫困村如期出列、贫困人口如期脱贫。务工收入是贫困家庭收入的主要来源，稳就业是巩固脱贫成果的关键举措。《报告》强调，对外出务工劳动力，要在就业地稳岗就业。开展消费扶贫行动，组织产销对接，解决贫困地区农畜产品销售难问题，支持扶贫产业恢复发展。在过去五年时间内，有近1000万贫困人口和约500万同步搬迁人口实现易地扶贫搬迁，这是人类历史上前所未有的壮举。要加强易地扶贫搬迁后续扶持，确保他们搬得出、稳得住、能致富。深化东西部扶贫协作和中央单位定点扶贫。为巩固和拓展脱贫成果，要继续执行对摘帽县的主要扶持政策，扶上马、送一程。习近平总书记指出："脱贫摘帽不是终点，而是新生活、新奋斗的起点。"要接续推进脱贫与乡村振兴有效衔接，让脱贫群众迈向富裕。

着力抓好农业生产。解决好十几亿人口的吃饭问题，始终是头等大事。今年经济社会发展面临的困难增多，保障粮食等重要农产品有效供给，对于稳定物价、保障群众基本生活、保持社会大局稳定具有特殊重要的意义。从目前看，今年粮食供给是充裕的，稻谷、小麦库存量能够满足一年以上的消费需求，现在夏粮丰收在望。其他大部分主要农产品供需基本平衡。但要看到，我国农业生产基础尚不稳固，抗御各类灾害的能力不强，农产品产量存在波动，目前少量品种还存在结构性的供给紧缺问题，特别是猪肉价格仍处高位。农业生产任何时候都不能放松。《报告》要求，稳定粮食播种面积和产量，提高复种指数，提高稻谷最低收购价，增加产粮大县奖励，大力防治重大病虫害。加强粮食生产能力建设，新建高标准农田8000万亩。非洲猪瘟等疫病对养殖业影响大，要有力有效加强疫病防控，促进生猪生产恢复和畜禽水产养殖发展。加快农业科技改革创新，大力发展现代种业，加强先进实用技术推广。健全农产品流通体系，加强农产品市场调控，保持市场价格基本稳定。压实“米袋子”省长负责制和“菜篮子”市长负责制，加强考核监督。《报告》强调，14亿中国人的饭碗，我们有能力也务必牢牢端在自己手中。

拓展农民就业增收渠道。务工收入是农民增收的大头。对外出农民工，要落实在就业地平等享受就业服务政策。支持农民就近就业创业，加强农民职业技能培训，提高农民就业创业能力。支持农产品深加工，完善乡村产业发展用地保障政策，促进一二三产业融合发展，扩大以工代赈规模，增加就业岗位，让返乡农民工能打工、有收入。《报告》提出，扶持适度规模经营主体，加强农户社会化服务。规模经营是现代农业发展方向，要积极稳妥推进。我国人多地少，小规模农户经营将长期存在，要尊重农民意愿，保持土地承包关系稳定并长久不变，健全面向小农户的社会化服务体系。我国城乡发展差距，主要体现在农村基础设施和公共服务滞后。《报告》要求，增加专项债券投入，支持现代农业设施、饮水安全工程和人居环境整治，持续改善农民生产生活条件。

（五）推进更高水平对外开放，稳住外贸外资基本盘。面对外部环境复杂变化，我们要坚定不移扩大对外开放，稳定产业链供应链，以开放促改革促发展，完善开放型经济新体制，培育国际经济合作和竞争新优势。

促进外贸基本稳定。当前，我国外贸企业特别是中小企业生产经营面临巨大压力。国际市场需求萎缩，国外订单大幅减少，运营成本急剧增加，部分企业存在资金链断裂风险。外贸行业直接和间接吸纳 1.8 亿人就业，稳外贸事关就业民生，必须加大政策扶持力度。《报告》围绕支持企业增订单、稳岗位、保就业作出了部署安排。要引导金融机构加强和改进对外贸企业的服务，加大信贷投放，防止资金链断裂。扩大出口信用保险覆盖面，为出口企业提供风险保障，做到应保尽保。加快落实出口退税政策，简化出口退税手续，确保企业及时拿到退税款。提升通关效率，降低进出口合规成本，提升贸易便利化水平。提高国际货运能力，加快跨境物流体系建设。要发挥强大国内市场优势，支持出口产品转内销，落实和完善相关扶持政策，引导出口企业开发面向国内市场的产品，加强与电商平台、批发零售企业、大型商超对接，构建内销网络体系。近年来，我国跨境电商进出口持续快速增长，成为外贸发展新亮点。当前传统外贸受到疫情较大冲击，要更大发挥跨境电商独特优势，以新业态助力外贸发展。《报告》要求，加快跨境电商等新业态发展。今年要在已设立59个跨境电商综合试验区基础上，再新设46个跨境电商综合试验区。推进新一轮服务贸易创新发展试点。中国国际进口博览会成功举办两届，成为扩大进口的重要平台。要继续筹办好第三届进博会，积极扩大进口，为消费者提供更多选择、促进消费增长，促进产业升级、助力高质量发展。

积极利用外资。利用外资是我们的长期方针，对促进经济持续健康发展具有重要意义。当前全球跨国直接投资低迷，商务人员往来受限，我们要采取有力举措，优化外商投资环境，努力促进外商投资稳定增长、提升质量。近年来，按照只减不增的要求，我国外资准入负面清单几经修订，清单越来越短。2018年版保留的限制措施与2011年版相比减少约3/4，制造业基本放开，服务业和其他领域有序推进开放。2019年版外资准入负面清单进一步缩短了清单长度。其中，全国外资准入负面清单条目由48条减至40条，自贸试验区外资准入负面清单条目由45条减至37条。《报告》指出，要大幅缩减外资准入负面清单，出台跨境服务贸易负面清单，这展示了我国坚定不移扩大对外开放的鲜明态度。改革开放40多年来，经济特区在我国经济体制改革中发挥了“试验田”作用，在对外开放中发挥了重要“窗口”作用。在新形势下，要深化经济特区改革开放，使之更好担负起为全国改革开放探路开路的重任。《报告》

提出，赋予自贸试验区更大改革开放自主权，在中西部地区增设自贸试验区、综合保税区，增加服务业扩大开放综合试点。自2018年以来，海南开启了全面深化改革开放、全岛建设自贸试验区和探索建设中国特色自贸港的进程，取得了初步成效。《报告》提出，加快海南自由贸易港建设。今年要按照分步骤、分阶段建立自由贸易港政策和制度体系的要求，对标世界最高水平的开放形态，突出以贸易自由和投资自由为重点，实施市场准入承诺即入制，建立公平竞争制度，完善产权保护制度。2020年1月1日起，新的外商投资法及其实施条例正式施行。要严格依法办事，加强外资促进和保护，加快与国际通行经贸规则对接，提高政策透明度和执行一致性，营造内外资企业一视同仁、公平竞争的市场环境。更加开放的中国大市场，将为各国企业提供更多发展机遇。

高质量共建“一带一路”。坚持共商共建共享，遵循市场原则和国际通行规则，完善政策、整合资源，发挥企业主体作用，鼓励地方积极参与，开展互惠互利合作，扎实抓好重大项目建设，积极拓展第三方市场合作，解决好金融支撑、投资环境、风险管控、安全保障等关键问题。要引导对外投资健康发展，创新对外投资方式，优化对外投资结构，提升风险防范能力。

推动贸易和投资自由化便利化。经济全球化符合世界各国的根本利益，是不可逆转的历史潮流。以世贸组织为核心的多边贸易体制，是当今国际经贸秩序的基石，其权威和效力应得到尊重和维护。《报告》强调，坚定维护多边贸易体制，积极参与世贸组织改革。推动签署区域全面经济伙伴关系协定，推进中日韩等自贸谈判。共同落实中美第一阶段经贸协议。中国致力于加强与各国经贸合作，实现互利共赢。

（六）围绕保障和改善民生，推动社会事业改革发展。 保基本、兜底线是政府的重要职责。面对困难，基本民生的底线要坚决兜牢，群众关切的事情要努力办好。大力支持社会力量增加非基本公共服务供给，满足群众多层次、多样化需求。民生保障好，人心就稳，社会就稳。

加强公共卫生体系建设。 针对这次疫情暴露出的短板和不足，《报告》就完善重大疫情防控体制机制、加强公共卫生应急管理体系等作出了部署。2003 年非典之后，我们初步构建起疾病预防控制体系、疫情信息直报系统，对于及时发现、报告和控制已知传染病发挥了重要作用，但也存在功能定位不清晰、疾病防治和应急处置能力不强等问题。总结这次新冠肺炎疫情防控中的经验教训，要改革疾病预防控制体制，坚决贯彻预防为主的卫生与健康工作方针，坚持常备不懈，将预防关口前移，加强传染病防治能力建设，完善传染病直报和预警系统，做到早发现、早报告、早隔离、早治疗。要依法实事求是、公开透明发布疫情信息，坚决查处瞒报行为。

要推进疫情防控基础设施和条件能力建设，用好抗疫特别国债，加大疫苗、药物和快速检测技术研发投入，增加防疫救治医疗设施，增加移动实验室，强化应急物资保障。要优化医疗卫生资源投入结构，加强农村、社区等基层防控能力建设，织密织牢第一道防线。加快公共卫生人才队伍建设，健全执业人员培养、准入、使用、待遇保障、考核评价和激励机制。深入开展爱国卫生运动，普及卫生健康知识，倡导健康文明生活方式，使健康促进成为全社会的自觉行动。目前疫情尚未结束，《报告》强调要大幅提升防控能力，坚决防止疫情反弹，坚决守护人民健康。

提高基本医疗服务水平。经过这些年的努力，我们已建立全国统一的城乡居民基本医保制度。在新冠肺炎患者救治中，这一制度发挥了重要保障功能，将患者及其家庭的医疗费用负担降到最低。《报告》提出，居民医保人均财政补助标准增加 30 元，提高医保保障能力。开展门诊费用跨省直接结算试点，便利流动人口和随迁老人。受疫情影响，很多医疗机构难以正常开展业务、收入大幅下降，《报告》要求给予扶持。深化公立医院综合改革。发展“互联网 + 医疗健康”。建设区域医疗中心。提高城乡社区医疗服务能力。推进分级诊疗。在抗击疫情过程中，中医药发挥了独特作用。要促进中医药振兴发展，加强中西医结合。食品药品质量关乎每一个人的身体健康和生命安全，今年还出现了“大头娃娃”等食品安全事件，《报告》强调，要严格食品药品监管，确保群众饮食用药安全。

推动教育公平发展和质量提升。教育寄托着亿万家庭对美好生活的期盼，教育公平是人生公平的起点。2020年全国普通高等学校招生统一考试延期一个月举行。《报告》对有序组织中小学教育教学和中高考工作提出了要求。针对义务教育发展不均衡问题，《报告》要求加强乡镇寄宿制学校、乡村小规模学校和县城学校建设，完善随迁子女义务教育入学政策。办好特殊教育、继续教育，支持和规范民办教育。针对学前教育资源短缺、民办幼儿园普遍面临困难问题，《报告》要求发展普惠性学前教育、帮助民办幼儿园纾困。以经济社会发展需要为导向，推动高等教育内涵式发展，推进一流大学和一流学科建设，支持中西部高校发展。《报告》强调，要稳定教育投入，优化投入结构，缩小城乡、区域、校际差距，让教育资源惠及所有家庭和孩子，让他们有更光明未来。

加大基本民生保障力度。养老金是老年人基本生活保障。今年继续上调退休人员基本养老金，提高城乡居民基础养老金最低标准。现在全国领取养老金人数近3亿，《报告》强调必须确保按时足额发放。今年我国虽然实施了社会保险缴费阶段性减免政策，基金收入有所减少，但确保养老金按时足额发放是有保障的。这个保障就在于我们有积累、有调剂、有补助、有储备。一是基金有积累。截至2019年年底，全国企业职工基本养老保险基金累计结余5万多亿元，总体支撑能力较强。减免社保费后，大部分省份累计结余仍然比较多，可以动用一部分结余以丰补歉。目前全国已有20个省份实现基金省级统收统支，在全省范围内调动使用基金的能力进一步增强。二是跨省有调剂。今年企业职工基本养老保险基金中央调剂比例从2019年的3.5%提高到4%。三是财政有补助。近年来，中央财政持续加大对基本养老保险基金补助力度，地方政府也对养老保险予以补助。四是长期有储备。从本世纪初开始，我国建立了社会保障战略储备基金，目前基金规模已达到2万多亿元。划转部分国有资本是社保基金的重要资金来源，截至2019年年底中央层面已完成划转国有资本1.3万亿元，今年年底前要全部完成划转工作。《报告》提出，要落实退役军人优抚政策，做好因公殉职人员抚恤。《报告》要求切实保障所有困难群众基本生活。扩大失业保险保障范围，将参保不足1年的农民工等失业人员都纳入常住地保障。扩大低保保障范围，对城乡困难家庭应保尽保，将符合条件的城镇失业和返乡人员及时纳入低保。对因灾因病因残遭遇暂时困难的人员，都要实施救助，尽可能帮助他们解决就业和生活难题，坚决防止冲击社会道德底线的事件发生。

《报告》对丰富群众精神文化生活、加强和创新社会治理、强化安全生产责任、加强政府建设等作出了部署。《报告》还要求编制好“十四五”规划，对做好民族宗教侨务工作、国防和军队建设、港澳和对台工作、外交工作等作了阐述。

习近平总书记深刻指出，“中华民族历史上经历过很多磨难，但从来没有被压垮过，而是愈挫愈勇，不断在磨难中成长、从磨难中奋起。”我们坚信，在以习近平同志为核心的党中央坚强领导下，在习近平新时代中国特色社会主义思想的科学指导下，全国人民同舟共济、砥砺奋进，一定能夺取今年疫情防控和经济社会发展的双胜利，实现全面建成小康社会目标，迈向新的伟大征程。

（作者系国务院研究室党组书记、主任）

一、实施更大规模减税降费政策

减税降费效果逐步显现 一些问题需要重视

——关于减税降费政策在企业落实情况的调研报告

潘国俊

五月中旬，我们赴山东省青岛市，先后召开地方政府部门、国有企业、民营和小微企业等三个座谈会，并到10家大型国有企业、9家民营和小微企业实地考察，与企业负责人特别是财务部门负责人面对面交流，详细了解2018年以来减税降费政策在企业的落实情况。总的看，企业对近两年减税降费政策是满意的，普遍有获得感，但也有少数企业反映获得感还不够强，并提出了一些诉求。我们认为，今年的关键是把已出台的减税降费政策扎扎实实落实到位，并及时跟踪实施情况，做好“打补丁”的预案，确保行业税费负担只减不增，确保企业预期稳定，并备好明年乃至后年税制改革和税费政策的“工具箱”。

一、企业对减税降费政策获得感普遍较强

（一）企业普遍享受到减税降费红利。这轮减税降费是多税种、多政策、多环节，既涉及流转税，也涉及所得税，还有社保缴费，等等。企业即使“东方不亮”也会“西方亮”，总会得到减负的实惠。

在含税价格不变的前提下，调研的企业测算了减税降费规模。某企业集团2018年减税4亿元左右，预计2019年减税约11.12亿元、税金下降10%左右。另一企业集团2018年减税约3.4亿元，减少资金占用2.1亿元；2019年前4个月减税约1.2亿元，减少资金占用0.1亿元，预计全年减税约6亿元，减少资金占用1.2亿元。

企业非税负担有所降低。2018年以来，青岛企业社保缴费减负64亿元左右，今年5月份开始执行新的社保缴费率，预计再为企业减负约13亿元。停征和取消行政事业性收费和政府性基金17项，减轻企业负担12.3亿元。交通、物流等领域收费也有所降低，比如，青岛港火车装卸费优惠50%，青岛港集装箱作业费下降319元/标准箱。清理涉企保证金取得成效，2018年返还保证金105.8亿元，有力改善了营商环境。组织1600余家企业纳入全省电力交易市场，全年降低工商业用户电费成本17亿元。搭建“银企专线”“隐形冠军贷”等优惠贷款平台，落实担保补助、风险补偿等政策性措施，帮助4119家企业解决低成本融资376亿元。

减税降费有力降低了企业成本。对企业来说，有的是一场及时雨，也可以说是雪中送炭，增强了企业战胜困难的信心；有的是锦上添花，给企业发展注入了新的活力。不少企业表示，将用减税降费节省的资金，用于加大研发投入、扩大生产规模，或用来招贤纳士，提高竞争力特别是国际竞争力。

（二）支持制造业、小微企业发展和鼓励研发创新的政策效应显现。制造业增值税税率下调3个百分点，在含税合同价格不变的情况下，制造业企业享受到明显减负，加上附加在增值税上的城市维护建设税、教育费附加、地方教育附加，以及扩大进项抵扣等，将节省更多的支出。

今年初实施小微企业普惠性税收减免政策后，90%左右的小微企业已不纳税，或者缴纳很少的税。多数小微企业反映，这些年享受到了一波接一波的减税降费红利，不仅为小微企业保驾护航，也使实体经济如虎添翼。

企业所得税优惠政策，有效鼓励了企业加大研发创新投入，促进产品升级。2018年研发费用加计扣除比例提高到75%，加上高新技术企业的税率优惠，与标准税率相比，一些企业所得税少缴纳了近六成。企业有更加充裕的资金投到研发，一些企业研发投入占销售收入的比重保持在10%以上，与国际一流创新型科技企业水平相当。一些拥有自主研发优势的基础装备制造业企业反映，从4月下旬开始，市场转热，询价、订单大量增加，显示出实体经济高质量发展的强劲潜力。

此外，个人所得税改革切实降低了员工税负，提高了幸福指数。提高起征点、实施专项附加扣除后，月收入在5000—15000元之间的职工减税非常明显。某企业集团约23%的员工不再缴纳个税，76%的员工个税降幅在50%以上。同时，一些企业不再采取做“内帐”“外帐”两套账本来规避个税，减少了企业隐性成本。

（三）地方政府和税务部门认真抓落实。青岛2018年全年减税降费420亿元，2019年一季度累计减税降费109.9亿元，5月份出现税收收入负增长，但该市明确要继续坚决实施好减税降费政策，在全国率先推出“深入推进减税降费”20条措施，同时，还出台了落实减税降费30条措施，并成立了减税降费工作领导小组，在数据共享、核算方法、信息系统等方面加强部门协作。税务部门把落实减税降费作为政治任务，确保政策红利不拖不延、不折不扣落实到位。基层税务当好“店小二”，深入走访小微企业，问计问需。企业普遍反映，这几年税务部门的服务意识有了很大改进，“跑得很勤、讲得很透、做得很实”，企业办税更快、体验更佳。

二、减税降费政策落实中面临的一些挑战和问题

在调研中，我们也了解到一些值得重视的情况，有的需要采取措施及时解决，有的还需要再看看形势变化才能作出准确判断。

（一）不少处于中间生产环节的企业反映，降低增值税税率的减负作用不明显。增值税作为流转税，是可以转嫁的。大部分企业反映，增值税税率下调后，下游客户普遍要求按新税率折算后，重新调整合同价格，使不含税金额不变；同样做法，自己也要求上游供应商按照新税率折算后调整合同价格。以某公司为例，其中的一个项目，原合同金额17648万元（不含税金额15213万，税率16%），税率调整后，客户要求该公司按新税率折算，即按原合同总额/1.16×1.13进行调整，新合同金额为17190.69万（不含税金额维持15213万不变，税率13%），减少457.31万。同时，该公司也要求供应商按原合同金额/1.16×1.13执行，大部分合同能降下来，但金属供应商较强势，含税单价没有下降，该公司采购成本增加约2.65%（含税价100元，16%税率对应不含税成本为86.21元，13%税率对应不含税成本为88.5元）。

大部分企业处于中间生产环节，如果上游供应商和下游客户都调整合同价格，企业增值税税负主要受本生产环节增值额大小的影响，或多或少会减负。如果企业在生产链中处于弱势地位，上游供应商不愿意降低含税价格，下游客户又倒逼降低含税价格，企业增值税税负就有可能上升。因此，企业的市场地位、议价能力，直接影响到税负转嫁的谈判能力。作为终端销售商，谈判能力最强，有可能获益最多，也有可能降低最终商品价格，使消费者获益。

（二）少部分行业税负有可能增加。对 6% 的税率保持不变的部分行业，尽管增加了税收抵扣，但实际操作过程中，部分行业企业税负有可能增加。如金融业，因进项税额减少，税负可能略有上升。又比如，住宿行业，进项降幅较大，税负也有可能略有上升。

（三）地方财政平衡压力加大。减税降费对财政收入的影响是直接的，也是立竿见影的。青岛市今年预算收入安排 5%，但一季度仅增长 1.77%，完成全年预算的难度较大。年初各级人大确定财政收入目标时，大规模减税降费政策还没有出台，有的地方预算收入目标制定偏高，平衡全年财政收支需要下一番功夫。

（四）有些配套政策有待完善和细化。比如，几家企业提到了高新技术企业的资格认定标准问题。目前，新业态不断出现，但资格认定聚焦在制造业企业，有的企业自己开展研发和设计，生产运用 OEM 模式委托第三方，但这种企业目前不能被认定为高新技术企业。同时，在计算总收入时，包括了境内企业间分配股息红利的投资收益，分母大了，拉低了高新收入占比，影响高新企业的认定。再比如，研发费用加计扣除政策，目前是在第二年实施汇算清缴时才能够享受到，占用了企业资金。税务部门反映，这些年，一些中型企业通过分拆注册小微企业方式，获得小微企业税收优惠政策的现象有所增加，甚至加大对外虚开发票，增加税收流失风险。

（五）降低民营和小微企业社保缴费负担与规范其缴费行为是个“两难”。调研中，大部分民营和小微企业在谈及社保缴费情况时，都是遮遮掩掩，甚至避而不谈。据了解，长期以来大部分民营和小微企业的社保缴费并不规范，如果现在要规范，降低缴费率的幅度就必须足够大，才能够确保小微企业缴费负担不上升。

三、几点建议

调研发现，在美国不断加码、中美经贸摩擦升级的严峻形势下，绝大部分企业对今年的减税降费尤其抱有很高期望。建议克服困难，坚定不移全面落实好中央经济工作会议和《政府工作报告》对减税降费的各项部署，杜绝执行中打折扣、搞变通，杜绝出现“今降明升”“税降费升”等现象，千方百计提升企业竞争力。

一是把打好减税降费的“组合拳”作为首要任务。部分企业出现增值税税负上升的情况，但能够通过其他税费减免政策来冲抵。比如，本生产环节的增值部分享受了减税，附加在增值税上的税费可以减免，再考虑企业所得税、印花税、城镇土地使用税等优惠，税负增加的情况有望避免。大部分企业认为，把现有的减税降费政策用足用好，可以明显改善生产经营状况。因此，各级政府和财税部门要坚决把这些政策落实到位，帮助企业轻装上阵。

二是对部分企业或行业增值税税负有可能增加的情况，做好跟踪分析，重在保持定力。从调研看，修改含税合同价格是一种普遍形象，绝大部分企业都会这么干。这也是一种市场行为，政府部门出台政策、施加影响可能难以奏效。但减税是实实在在的，只是减在哪个环节。如果减在最终销售环节，有利于刺激消费，推动扩大生产，繁荣整个经济，有力应对经济下行压力。因此，只要不显著增加企业增值税负担，就保持定力，扩大容忍度，静观其变，不用急于出台新政策。如果出现较大面积的增值税税负增加，建议针对修改合同价格的行为，出台政策予以引导和规范。

三是研究适当完善有关税收优惠政策。比如，在按季度预缴企业所得税时，考虑及时实施研发费用加计扣除，以减轻企业现金流压力。有的集团认为内部企业之间的购销、股权转让协议等，都要征收印花税，有重复征税之嫌，建议实施减免，以促进企业战略调整。适当丰富高新技术企业认定标准，比如增加专利数量、科技成果等标准认定项，以更客观反映企业科技含量。物流企业大宗商品仓储用地减半征收城镇土地使用税的政策将于今年底到期，有的企业建议继续延长3年，以支持物流业发展。这些可以作为政策预案，如果财力允许，在明年或者后年适时出台。

四是增强减税降费政策落地中的公平公正和方便快捷。部分国企反映，在纳税方面，国企规范化程度相对较高，部分民企规范化程度相对低一些。建议完善并用好强大的税务数据库，加快与土地、房产、银行、证券等联网，加强数据比对，加大税务稽查，实现各类企业一视同仁。针对小微企业社会保障缴款问题，研究处理好规范缴费行为、降低缴费率和确保缴费负担不增加的“三角关系”。同时，加快组织使用增值税专用发票电子发票，方便企业自行打印、认证，进一步提高办税便利化。

减税政策落实总体良好
企业反映突出问题仍然不少

——主要行业减税降费落实情况调研报告（上）

张军立　张泰　李钊　邢建武　马波　刘若霞

为跟踪了解减税降费政策实施效果和企业实际感受，近期我们会同 15 家主要行业协会、联合会，对不同类型、规模、地域的 1400 多家企业进行了问卷调查，并分行业对 70 余家典型企业开展调研座谈和深度剖析，有关情况及建议报告如下。

一、减税政策落实情况总体良好

调研显示，此次减税政策宣传贯彻及时到位，绝大多数受访企业表示了解并已执行新的增值税税率，在助力企业减负增效、缓解资金压力等方面的效果初步显现，企业普遍予以积极评价，社会反响良好。

一是多数行业税负得到明显降低。钢铁、机械、汽车等制造业行业税率大幅下降，减税效果较为明显。例如钢铁行业，调整后的增值税负担率由 2.51% 降至 2.04%，大中型钢铁企业预计全年减少增值税 220 亿元、减少附加税费 24 亿元。在机械行业中，某电气制造企业 4 月至 5 月应交增值税同比下降 10.53%、减少 1027 万元。汽车行业减税幅度约为 5%，某汽车制造企业前 5 个月累计缴纳增值税同比下降 17%、减少 5120 万元。其他多数行业增值税税负也普遍下降，例如有色行业预计全年减少 126 亿元，建材行业预计减少 120 亿元。

二是多数企业获得实实在在感受。其中，钢铁、有色、食品、电子、纺织等行业，企业受惠面相对较广。有色行业 83.3%、纺织行业 83.1%、食品行业 73.4%、皮革行业 74% 的受访企业，均反映税负明显减轻。电子信息、汽车、流通、医药等行业，表示未出现明显的税负转嫁现象，产业链各环节企业均衡分享降税红利。企业表示，当前最直接的感受是采购成本降低，流动资金压力减小，增强了企业抗风险能力，也为加强技术改造和研发投入提供了资金来源。

除降低增值税税率外，固定资产抵扣和研发费用加计扣除等政策，减税效果同样明显。某企业集团研发费用加计扣除比例提高后，今年可少缴所得税 7500 万元。某通讯企业表示，2018 年研发费用加计扣除比例提高到 75%，为公司节税 3.5 亿元，减税效果明显又直接。

二、减税政策实施过程中存在的突出问题

调研中，企业也反映了一些当前面临的共性和行业性问题，其中既有前期已预料到但尚未完全解决的老问题，也有实施过程中

出现的新情况，主要集中在以下几个方面。

第一，能源“变相涨价”使减税成效大打折扣。钢铁、有色、石化、轻工、电子、通信等制造业企业普遍反映，电力行业税率下降3个点，但大工业电价没降、用电企业抵扣减少，导致实际用电成本大幅上升。某有色企业测算，增值税下调可减负7.56亿元，而用电成本则增加7.61亿元。某冶炼企业税负减轻1600万元，而用电成本上升2400万元。某铜业企业预计全年用电成本将增加约8100万元。钢铁工业协会测算，此次税率调整导致钢铁企业用电成本上升约2.65%，受访的三家钢铁企业预计全年增加用电成本2.27亿元、2.1亿元和1.5亿元。水、热、气等也存在类似情况。例如，某钢铁企业全年燃煤成本将上升4800万元，某集成电路企业用能成本将增加2450万元。虽然国家发改委3月已发文，要求电网、天然气、管道运输、成品油等企业根据增值税税率相应调整价格，但实际效果并不理想。

第二，部分行业税负基本持平或有所上升。主要包括三类行业，一是享受中间税率的行业。例如交通运输业税率下调1个点，成品油等上游行业下调3个点，进项抵扣下降多、销项抵扣下降少，基本抵消了降税效果，有的企业甚至上涨0.5%。建材服务、工程设计、承包等行业面临同样问题。二是部分生产周期较长、采购量波动较大的行业。例如某制造业企业由于采购额减少，今年1—5月累计应交增值税较去年同期增长27.74%。三是部分出口型行业。4月1日前签订的出口或海外承包合同，当时开具的增值税发票为17%或16%，但6月30日之后发运报关的退税税率下调为13%，不能退税部分转化为企业成本。

第三，议价能力弱的企业减税红利被挤占。降低增值税税率，企业受益多少很大程度上取决于在产业链中的议价能力。总体看，上游能源原材料行业获益较多、中间制造环节获益较少，垄断行业获益较多、竞争行业获益较少，大企业获益较多、中小企业获益较少。电线电缆企业反映，上游铜铝等原材料税降价不降，下游大型央企则要求与税率同比例下调供货价格，减税红利被“全部吃掉”。部分零售企业，直接从结算价中扣除 3% 的税收优惠，食品制造企业利润反而降低。税负转嫁、获益不均，影响了部分企业实际感受。石化、家电、有色金属加工等行业均有超过 40% 的受访企业认为税负无明显减轻。

第四，增值税抵扣链条有待进一步理顺。一是部分行业“开票难”。例如，公路货运行业长期存在个体司机无法提供增值税发票，废旧蓄电池、废钢等资源回收利用行业也存在增值税专用发票取得困难。二是贷款利息等未纳入抵扣。企业普遍反映，贷款利息不能作为进项抵扣，既增加了税负也抬高了融资成本。某钢铁企业 2018 年利息支出约 20 亿元未纳入抵扣，需缴税 1.3 亿元左右。三是纳税人身份转换打破原有链条。建材联合会反映，2018 年一般纳税人的认定标准统一提高到年销售额 500 万以上，很多供应商转为小规模纳税人，适用简易征收，只能按 3% 开具发票，减少了下游企业可抵扣的进项税额。

第五，留抵退税政策力度和受惠范围有限。企业反映的问题主要集中在三个方面：一是增量留抵返还条件苛刻。企业根据市场价格波动择机购入原材料，或受产品产销淡旺季影响，难以保证留抵税额连续性。中小企业很难达到留抵退税的门槛要求。新设立公司纳税信用等级普遍较低，基本无法满足条件。二是企业期盼放开存量留抵返还。钢铁、石化、电信、新能源汽车等行业，留抵税额存量巨大，呼吁能够予以部分返还，以缓解当前投资压力。截至今年 3 月，三大电信运营商留抵金额超过 270 亿元。很多钢铁企业前些年投资规模较大，但大量留抵税额因没有增量而无法享受退税政策。三是程序复杂、周期长。不少企业反映，关于申请退税的条件、发票等要求，各地税务部门解读和执行不一致，即使满足相关规定，受各地财政支出预算限制，也可能出现无法及时兑现等情况。

第六，旅客运输服务进项税额抵扣操作繁杂。公路、水路等运输票据种类繁多，抵扣规则较为复杂，不同类型电子普通发票按不同方法抵扣，是否带有身份信息也难以系统识别，企业抵扣国内旅客运输服务费用的工作量巨大。某外资企业反映，差旅出行大都通过差旅代理商进行，现在需要搜集各类票据，1 个月打印的行程单近 2000 张。此外，目前长途汽车及公交客运票据尚未注明旅客身份信息，无法进行抵扣。

第七，部分行业和地方存在税收预缴超缴。目前，部分省份仍未实现总分机构增值税汇总纳税，一些地方要求物流企业必须按照物流用地规模保证一定的税收贡献。河北、湖北、江西、吉林等省份设定较高的预缴率，造成企业税额留抵长期无法消化，间接增加了企业经营成本。电信运营企业实行月度预缴、季度汇总清算的模式，预缴基数或预征率往往较高。截至今年 3 月，三大电信运营商超缴增值税约 51 亿元。

第八，企业税收合规成本和风险有所增加。近两年连续降低增值税税率对企业的利好不言而喻，但因每年变更税率，很多上下游企业需要重新协商补签合同及相关协议，双方对适用税率和价格容易出现分歧。不同企业、不同税务机关对政策理解可能存在差异，对纳税义务发生时间等问题较难判断，企业担心产生税务风险。此外，电信、物流企业反映，公司业务适用 9% 和 6% 的不同税率，而随着新业态新模式融合发展，区分不同业务适用税率的难度越来越大。

三、抓紧完善政策措施，确保减税红利及时足量落实到位

当前我国经济依然面临下行压力，国内有效投资增长缓慢，落实好减税政策对于增强企业活力、保持经济平稳运行至关重要。应按照“三个确保”目标要求，坚持问题导向，抓紧分类研究出台针对性措施，使企业获得实实在在的收益和感受。

一是完善进项税抵扣链条。以部分制造业、交通物流、建筑建材等行业为重点，适当增加可抵扣进项，考虑纳入享受加计抵扣政策范围，缓解进项与销项抵扣之间的税率“落差”。对于企业普遍呼吁的贷款利息抵扣问题，可首先放宽企业集团内部资金调度抵扣政策，在免征增值税的同时考虑免征相应的所得税，再逐步将银行贷款利息和贴现支出以及手续费、服务费、征信费等服务费用纳入抵扣范围。对于部分行业发票“取得难”问题，加快解决个体司机开具发票资质问题，或提出可行的替代方案，放宽资源回收利用等行业发票备案制度及限制性政策，让企业据实足量抵扣进项税。适时修改增值税发票管理办法，合并增值税普通发票与增值税专用发票，实现统一开票、同等抵扣。

二是严控电力、天然气等能源产品“变相涨价”。从调研情况看，这已成为影响减税效果和企业实际感受的突出问题，特别是制造业企业反映十分强烈。降低制造业用电成本和一般工商业电价，都是《政府工作报告》提出的明确要求。电力企业要统筹用好减税红利，深挖降本潜力，兼顾降低一般工商业和大工业电价，绝不能拆东墙补西墙、东边损失西边补。有关部门要加强行业监管，

指导、督促能源企业下调工业用电、天然气等供应价格，对制造业环节适度让利，使国家减税优惠得到不折不扣真正落实。

三是确保各环节公平分享减税红利。减税红利在生产、销售、消费各环节之间共享分配，应通过价格传导和公平协商实现普遍受益，对依靠强势地位垄断、独占红利的，要予以监管惩戒，防止单方“强行定价”等不合理行为。重点加强对处于行业优势地位国有企业的监管督查，促其正确理解并执行国家减税政策，杜绝强行要求上下游企业降价，促进民营企业和产业链健康稳定发展。

四是扩大留抵退税政策效果。对于今年增量，应进一步考虑企业经营实际，取消或放宽连续六个月（或连续两个季度）增量留抵税额均大于零等限制，降低期末增量不低于50万元的标准，让企业特别是更多中小企业享受到政策优惠。对于历史存量，全部推开难度较大，可有选择性地放开钢铁、电信、新能源汽车等存量留抵额较大的行业，缓解企业资金占用压力，促进企业加大投资。同时，督促地方政府多方筹措资金，扩大留抵退税实施范围，缩短返退周期，确保将这项政策落实到位。

五是优化税收征管方式。逐步停止预征或下调过高的预缴基数、预征率，建立超缴税费及时退还机制，减轻企业实际税负和资金占压。允许省（区、市）企业总部汇总缴纳增值税，取消地市（区、县）分支机构预缴，新增业务与传统业务实现汇总缴纳，减轻企业管理成本。推动统一国内旅客运输服务发票、电子客票，优化旅客运输服务进项抵扣规则。完善长周期产品、工程、服务的出口退税政策，让企业更加便利、更加充分享受到减税红利。

降费措施效果显现
巩固成果仍需多方持续发力

——主要行业减税降费落实情况调研报告（下）

张军立　张泰　李钊　邢建武　马波　刘若霞

一、降费举措取得初步成效

一是社保费率下调明显减轻了企业负担。今年《政府工作报告》要求，下调城镇职工基本养老保险单位缴费比例，各地可降至16%；继续执行阶段性降低失业和工伤保险费率政策。行业协会普遍反映，这一政策对降低企业费用负担效果最为显著、直接，受欢迎程度很高。例如某制造业企业预计全年养老保险费用支出将减少3000万元，某医药企业预计全年减少5000万元；某钢铁企业预计可减少养老和工伤保险费支出近6000万元。一些轻资产、人力成本占比较高的高技术企业，受益也比较多，例如某信息技术公司的人力总成本预计可以下降0.6%。

二是电价下降直接减少了企业用电成本。今年《政府工作报告》

要求，一般工商业电价再降低 10%。目前各地执行新的电价政策逐步到位，一般工商业企业用电成本有所下降。某食品企业 10KV 电价今年 6 月份下降 0.0223 元，8 月份已明确再下降 0.0623 元。电价附加费也有不同程度降低，山东水泥电费附加费由 0.0504 元 / 度下降到了 0.0291 元 / 度，降幅达 42%。

三是物流成本持续下降。物流与采购联合会调查显示，近一半受访企业享受到了高速公路分时段差异化收费试点政策，九成受访企业认为公路执法问题有所好转。很多企业反映，铁路货车延期占用费、铁路取送车费以及货车消毒费均有不同程度降低，对客货运车辆不合理审批和乱收费、乱罚款现象得到遏制。

四是其他涉企收费不同程度降低。行业协会普遍反映，不少行政事业性收费已经取消或降低标准，还有一些逐渐转变为经营性服务，涉企收费项目和金额均有所下降。某金属企业近三年非税费用支出年均下降 13.2%，特别是行政事业性收费大幅度降低，由 2016 年的 1.76 亿元下降至 2018 年的 0.68 亿元，下降幅度超过 60%。某建筑企业今年前 5 个月营业收入较上年同期增长 28.64%，涉企收费总额仅增加 6.67%，占营业收入的比重明显下降。

二、企业反映较多的问题

一是不少小微企业社保负担加重。过去很多小微企业社保缴费不规范，实际缴费基数很低，今年即使在费率、费基“双降”的情况下，有些小微企业的实际负担也在加大。建材联合会反映，许多中小微企业、民营企业过去只为部分员工缴纳社会保险，现在要求全员缴纳，负担明显加重。某建材集团全员缴纳养老保险后，尽管缴费比例从 20% 下降到 16%，但企业相关成本还是增加了 3

—4 亿元。有些企业为转嫁社保缴纳义务，准备将部分非核心员工改由劳务公司派遣，可能造成劳务纠纷和员工实际薪酬下降。

二是不规范收费、不合理收费和乱收费等现象依然存在。行业协会普遍认为，清理涉企收费的力度存在逐级递减的情况，其中，中央政府层面力度最大、效果最明显，地方政府次之，部分基层组织甚至还在增加一些新的临时摊派和变相收费。建材联合会反映，非金属矿企业在矿山开采过程中，必须使用炸药等爆炸器材，企业申请购买需要得到乡级政府及公安部门的审批同意，有些地方乡级政府以此要求按照申请使用量收取费用，加重了企业负担。个别矿山所在地村委会还要求企业按出矿量或以固定数额缴纳费用。有色金属协会反映，近几年港口杂费不降反增，涨幅在 2%—6%；港口建设费征收标准过高，多年没有降低，例如铜冶炼企业，在部分产品进出口转港过驳时，须向港口所在地海事管理机构缴纳港口建设费，某铜加工企业一年进口铜精矿 260 万吨、销售阴极铜约 60 万吨，需交纳港口建设费约 1600 万元，负担很重。钢铁工业协会反映，对钢铁企业自建自营的港口，仍全额征收港建费。某钢铁企业码头建设投资 25 亿元，年维护费用 3000 万元，每年还需交纳港建费 2.7 亿元，其中约 1.5 亿元属于自建码头。食品工业协会反映，各地污水处理收费标准不统一。以某食品企业各地分公司为例，有的地方收费为 0.12 元 / 吨，有的地方却达 2.05 元 / 吨，差距极大。

三是一般工商业电价优惠没有完全落实到位。据轻工业联合会反映，电价优惠政策各地执行不一，有的地区降幅较小。例如，某电池企业总部所在的地区，电价只享受约 4% 的优惠；另一家电池企业在湖北某地区 6 个子公司的电价仅下浮了约 2.3%。机械工业联合会反映，政策落实过程中存在走样现象，有的地方没有降低单位电价，而是鼓励企业及时缴费和多用电，达到一定指标后给予电费的部分返还。此外，一般工商业电价下降 10%，主要是小微企业受益，有些大中型制造业企业用电多，但含税电价保持不变，实际电费不降反升，对生产经营影响较大，企业对此反映较为强烈。例如某钢铁企业，综合电价上涨 0.014 元，预计全年增加电费成本 1.57 亿元。

四是“放管服”改革配套政策衔接不及时不到位，增加了企业负担。行业协会一致反映，“放管服”改革成效显著，但还存在一些政策不协调的情况，有些改革接不住、管不好、服务不到位。轻工业联合会反映，电动自行车生产企业在取消生产许可证后，每种车型都要通过 CCC 认证，检测认证费用是之前的 13 倍。骨干企业通常一年要推出 100 款以上的新产品，将多支出 350 万元以上，全行业将多支出上亿元的检测认证费用。物流与采购联合会反映，2017 年国家已明确货运车辆年检和年审合并，并允许普通道路货运车辆异地办理；2018 年进一步明确货车年审、年检和尾气排放检验“三检合一”。但目前仍有三分之一企业未享受年检年审“两检合一”政策，近一半企业没有享受异地年审政策。一些地方管理部门以年检和年审的检测标准不统一为由，对异地审验材料不予认可，要求车辆回原籍审验，企业被迫“两次上线、两次检验、两次交费”。建材联合会反映，有的地方按照国家要求取消了化验室计量检验收费，也不再委托专业机构承担计量检定业务，企业只能委托第三方机构进行计量校验。但是，第三方机构只能出具校准证书，而企业在申报资质时仍要提供计量检定证书，这给企业造成了很大困扰。纺织工业联合会反映，有的企业工程项目定点核实报告，原来由规划部门组织验收，现在由第三方完成。验收的主要职责是核实竣工项目是否与审批规划一致，工作量和风险都不大，但根据项目面积大小收费，一个 4 万平方米厂房要收费 4 万多元。

此外，不少行业协会反映清欠工作进展还不太均衡，特别是政府拖欠企业款项问题没有得到有效解决。某建材企业共有 12 家分公司存在政府欠款现象，年初金额为 5345.23 万元，1—5 月仅收回 285.15 万元；某地方政府因财政困难拖欠某建设公司工程款 3.4 亿元，对企业现金流带来很大影响，增加了企业负担。

三、有关政策建议

涉企收费名目繁多、形式多样，治理后易反弹，应当坚持治标与治本相结合、短期措施与长期目标相结合，进一步深化收费制度改革，强化督促检查，确保降费政策全部落地生效，不断优化经济发展环境，提高企业竞争力。

第一，加大清理整顿涉企收费工作力度。进一步完善涉企收费目录清单，规范收费行为，合并收费项目，明确收费标准，对目录清单以外的涉企收费，企业有权拒绝，可以投诉举报。完善涉企收费查处机制，开展专项督查整治，坚决查处和整治乱收费行为。深化收费制度改革，对一些具有税收特征的收费项目，加大费改税力度，规范政府收入机制。完善资源税的使用和分配，对村级组织安排适当的返还，保证其有合理的收入来源，降低乱收费冲动。

第二，多措并举降低物流成本。全面推广高速公路差异化收费，对于合规装载的车辆运输车、模块化运输车等实施优惠费率。抓紧制定公路货运处罚事项清单，明确处罚标准并向社会公布。研究深化公路综合执法和联合执法机制，实现从职能部门“单打独斗”转变为多部门“协同监管”“智慧监管”，解决执法部门多、重复执法和规范执法问题。对企业自建自营港口征收的港建费应予以减免或适当返还，对铁路、港口收费中明显过高或者重复的项目要进一步研究制定降费措施。

第三，分阶段分步骤降低大工业用电价格。可以考虑通过“两步走”降低大工业电价，第一步将大工业电价按照税率降低幅度同步降低，保持不含税电价不变，确保企业用电成本不增；第二步加快推进电力市场改革，通过市场竞争方式促进工业电价降低，实现企业用电成本下降。

第四，进一步深化“放管服”改革。着力增强层级间、区域间、部门间的协作意识和协调机制，切实解决“放管服”改革中不同步、不配套、不到位等问题。对下放给基层的审批事项，应根据地方职责和发展需要来确定，不能简单一放了之，确保放得下、接得住。对一些技术检验类、资格资质类事项，可更多通过事中事后监管和标准化评估来实现，确需第三方机构检验认证的，要明确收费标准，切实防止以市场之名行涨价之实。

第五，进一步做好清欠工作。严格落实新出台的《政府投资条例》，政府新的投资项目不得由施工单位垫资建设，防止“边清边欠”“清完又欠”等现象。落实好国务院第38次常务会议要求，对目前已确认的多年拖欠款，政府部门和大型国有企业要按时限要求分期分批清偿完毕。要通过法律法规对账款的支付时限、支付责任、处罚措施等作出明确规定，完善长效机制，切实减轻企业负担。

打通物流业增值税抵扣链条
有效解决“油卡满天飞”乱象

刘若霞

围绕交通运输业深化增值税改革进展及成效，近期，我们开展了专题调研。现将有关情况汇报如下。

物流企业反映，今年调整增值税税率，进项销项降幅不同造成部分企业税负有所上涨，但最突出的问题仍然是抵扣链条不畅，这是自“营改增”以来一直困扰物流业的顽疾。为此，有关部门采取了一系列政策措施，推动行业税负合理下降，但问题又逐步演变为“没资质、开票难，为抵扣、发油卡”的连锁效应，不仅影响减税成效显现，还存在“油卡满天飞”乱象。

*没资质、开票难。*目前，我国公路货运多为服务总包、层层分包模式，货物实际承运主体70%是个体司机，往往“挂靠”在有经营资质的物流企业开展业务，无法独立开具增值税发票。2017年，有关部门出台了《货物运输业小规模纳税人申请代开增值税专用发票管理办法》《关于开展互联网物流平台企业代开增值税专用发票试点工作的通知》等政策文件，允许货物运输业小

规模纳税人在货物承揽、起运、到达、税务登记等多地就近向税务机关申请代开发票，允许互联网物流平台为符合条件的小规模纳税人代开发票，这些措施为个体司机跨区域流动开展运输业务提供了开票便利。但“开票难”的症结在于“没资质”，绝大多数个体司机难以取得道路运输许可证等行业资质，难以完成工商注册和税务登记，因此也就无法成为小规模纳税人。根据物流与采购联合会调研报告显示，75% 的企业认为个体司机运费发票取得难是物流业税负较高的主要原因。

为抵扣、发油卡。由上可知，大多数个体司机无法开具增值税发票，即便成为小规模纳税人按照 3% 税率开具发票，也低于一般纳税人 9% 税率 6 个点，物流企业抵扣仍然不足。为增加物流企业抵扣，2017 年 8 月有关部门发布公告，允许物流企业将油费和道路、桥、闸通行费纳入进项抵扣。但在实施过程中，为增加抵扣物流企业往往采取给个体司机发放超过实际使用量的油卡，甚至将油卡作为部分运费结算。物流与采购联合会反映，个体司机拿到手的运费 30% 至 40% 是油卡，合理收益被大量挤占。司机不满，企业也诉苦，虽然减轻了一些税负但增加了税务风险，心里并不踏实。

现阶段，我国公路货运占社会货运总量的 3/4 以上，经营业户超过 600 万户，从业人员超过 2000 万。打通进项税抵扣链条、降低增值税税负，对物流降本增效和经济社会平稳健康发展有着重要意义。应尽快制定有力有效措施，切实解决货运个体司机开票难问题。

第一，研究解决个体司机资质认定。一是从源头上解决行业资质认定。充分考虑个体司机实际情况，制定可行性和可操作性强的方案，重点解决实际承运人道路运输许可证等认定和办理。

二是简化小规模纳税人工商税务登记。深化“放管服”改革，运用大数据、人工智能等信息技术，借鉴证券公司等金融机构远程开户办理程序，简化优化个体司机小规模纳税人办理手续，完成个体司机小规模纳税人身份认定，理顺物流业增值税抵扣链条。

第二，规范物流业税收征管和服务。一方面，加强物流企业进项抵扣管理。按照“产权回归主体、责权回归本位、监管回归本源”的原则，合理测算成品油和道路、桥、闸通行费成本占比，据实抵扣进项税，对于无法测算的不能纳入进项抵扣。税务稽查要重点核查过度扩大成品油和道路、桥、闸通行费所占比例，避免企业为增加抵扣超比例发放油卡，维护货运司机权益。另一方面，要细化税收征管办法。制定具体实施细则，减少自由裁量权范围，降低企业遵从成本和涉税风险，让税收优惠政策落实落细，增强企业对减税政策的获得感。

第三，创新物流业税收监管模式。运用物联网、移动互联网、卫星定位等新技术，探索“部门监管平台，平台监管司机”的监管新模式。在确保安全的前提下，通过互联网物流平台与有关部门系统对接，对在平台注册的符合条件的个体司机视同为小规模纳税人管理，代开增值税专用发票，完善物流业进项抵扣。同时，拓宽征信渠道，完善信用体系，利用互联网平台加强小规模纳税人税收征管和服务。

完善我国个人所得税制度的建议

商亮　戴慧

个人所得税是我国重要税种，有筹集财政收入和调节收入分配等功能。2018 年 10 月 1 日以来实行的个税改革，先后提高起征点、增设专项附加扣除等，改革效应持续显现。当前经济下行压力加大情况下，建议进一步做好个税改革文章，作为深化减税降费的政策举措，以较小的减税代价实现经济社会活力的增长。

一、适当调低综合所得最高边际税率，提高我国税制国际竞争力，促进吸引和留住高层次人才

我国个税综合所得最高边际税率在国际上偏高。对高收入者实行较高税率有利于调节收入分配差距，但必须兼顾税制国际竞争力。我国这轮个税改革，将工资薪金、劳务报酬、稿酬和特许权使用费 4 项所得归为综合所得，最高边际税率仍与原来工资薪金所得一样为 45%，为国际较高水平。OECD 国家最高边际税率

平均为41.17%（见附表1），明显低于我国。我国周边国家和地区中，香港对高收入个人的薪俸税税率为15%，新加坡个税最高边际税率为22%，韩国综合所得最高边际税率为43.43%。

较高的边际税率不利于集聚优秀人才和纳税遵从。综合所得最高边际税率的适用对象，相当一部分是通过创造性和专业性劳动取酬的专家学者、科技人员、文化人士和行业能手等人才。45%的高税率不利于激发创新创造的积极性，还容易造成我国税负整体偏高的错觉，降低税制国际竞争力，不利于吸引和留住高层次人才。同时，高税率将刺激逃避税。由于45%的最高边际税率与25%的企业所得税率相差20%，会导致一些高收入群体采取“钱在企业、不拿工资”等方式避税。

建议适当降低综合所得最高边际税率水平。从个税构成看，工资薪金一直是大头，2018年占到67.26%，同期劳务报酬、稿酬、特许权使用费这几项所得合计为4.67%。在工资薪金所得中，按45%税率征收的税额为1452.15亿元，占工资薪金所得总税额的15.56%（见附表2）。下调综合所得最高边际税率，比如至40%左右，据税务部门测算，税收减收不到100个亿，对财政收入影响较小。但能产生较大积极效应，既能提高我国税收国际竞争力，更好地吸引和集聚高层次人才，又能提高高收入群体纳税遵从度，促进税源回流，增加税收收入。

二、适当简化税率级次并相应扩大税率级距，促进税制简化，减轻中低收入纳税人税负

我国的税率级次在国际上总体偏多。税率级次和级距是税率设计的重要要素。税率级次与税制复杂度成正比，较少的税率级

次有利于简化税制、提高征管效率。我国工资薪金所得税率级次于2011年由9档变成7档，这轮个税改革沿用了7档税率，在国际上仍偏多。如附表3所示，我国税率级次是金砖国家中最多的，也多于大部分OECD成员国。

建议适当减少我国税率累进级次。根据我国目前居民收入情况看，大部分综合所得纳税人适用前3档低税率，其他几档税率适用人群相对较少。建议对后面4档税率进行适当合并，减少1—2档，既顺应税制简化趋势，又促进税收征管效率的提高。

建议相应增大中低档税率级距。在税率一定情况下，级距的增大会降低税率累进性、减缓税负增长速度。这次个税改革，扩大了3%、10%、20%这3档较低税率的级距，有利于减轻中低收入纳税人税负。建议在进一步减少税率累进级次的同时，继续相应增大中低档税率级距，更好地发挥个税调节收入分配功能。

三、适时引入家庭课税制，更好适应“全面两孩”政策、老龄化加速等对家庭支出带来的影响

以家庭作为课税单位在个税制度相对成熟的国家和地区较为普遍。美国比较典型，其联邦个人所得税区分五种类型，即单身个人申报、已婚联合申报、已婚各自申报、家庭户主申报、鳏夫或寡妇申报，结合年龄制定了不同的个税免征额和税率，纳税人可以根据自身情况选择税负最轻的类别。一般来说，夫妻两人都工作跟只有一方工作纳税能力不同，照顾老人和孩子情况的不同也会使家庭纳税能力不一样。坚持横向公平原则，允许家庭作为课税单位，可以更好地体现纳税人真实的赋税能力。

实施专项附加扣除为我国引入家庭课税制打下了好的基础。

我国目前个税以个人为纳税单位，兼顾家庭之间的公平不够。2019年初推行的专项附加扣除制度，建立了相应的信息系统，收集子女教育、继续教育、大病医疗、住房贷款利息、住房租金、赡养老人等有关信息，对相应支出予以适当扣除，这为下一步引入家庭课税制创造了条件、积累了经验。

建议构建“家庭联合申报”与“个人单独申报”并行的征收制度。借鉴国外经验，根据我国实际，在以个人为纳税单位基础上，逐步引入家庭课税制，分别设置税率级距和基本扣除额，赋予纳税人灵活选择权。同时，推进税务、民政和公安部门纳税人信息共享，综合考虑家庭成员的人数、年龄、健康状况、就业情况、需要赡养和抚养的人数、总体收入等情况，进一步完善专项附加扣除制度，更好地发挥税收量能负担作用。

附表1　OECD国家个税最高边际税率（单位：%）

年份 国家	2000	2008	2018	年份 国家	2000	2008	2018
澳大利亚	48.5	46.5	47	拉脱维亚	22.16	21.58	27.95
奥地利	42.61	43.71	55	立陶宛	8.91	20.64	15
比利时	52.59	45.28	46.02	卢森堡	47.15	34.74	45.78
加拿大	47.86	46.41	53.53	墨西哥	40	28	35
智利	45	40	35	荷兰	60	50.32	49.7
捷克	28	20.25	20.1	新西兰	39	39	33
丹麦	53.1	62.28	55.86	挪威	47.5	40	38.4
爱沙尼亚	26	20.87	30.79	波兰	26.42	31.46	22.08
芬兰	52.64	49.23	48.66	葡萄牙	35.6	37.38	47.17
法国	40.46	37.61	55.17	斯洛伐克	42	10.41	21.65
德国	53.81	47.48	47.48	斯洛文尼亚	38.95	31.94	38.95
希腊	37.85	33.6	55	西班牙	48	43	43.5
匈牙利	56	45	15	瑞典	55.38	56.44	60.12
冰岛	43.07	34.29	44.39	瑞士	37.96	36.38	36.1
爱尔兰	46	43.5	48	土耳其	40.6	35.6	30.5
以色列	50	47	50	英国	40	40	45
意大利	46.4	40.19	42.28	美国	46.51	41.73	43.65
日本	47.3	47.2	55.78	OECD平均	42.5	38.46	41.17
韩国	36.65	35.38	43.43				

数据来源：根据OECD数据库数据整理。

附表 2　2018 年我国工资薪金等所得税额情况

项目	税额（亿元）	占个税收入比重（%）	占工资薪金所得比重（%）
工资、薪金所得	9330.82	67.26	——
其中：按 3% 税率征收	442.43	3.19	4.74
按 10% 税率征收	1334.72	9.62	14.30
按 20% 税率征收	1509.48	10.88	16.18
按 25% 税率征收	3176.37	22.90	34.04
按 30% 税率征收	866.48	6.25	9.29
按 35% 税率征收	546.12	3.94	5.85
按 45% 税率征收	1452.15	10.47	15.56
劳务报酬所得	625.19	4.51	——
稿酬所得	11.29	0.08	——
特许权使用费所得	10.77	0.08	——

数据来源：根据税务总局、国家统计局有关数据整理计算。

附表 3　金砖国家和部分 OECD 成员国税率级次情况

国家类型	国家名称	税率级次	国家类型	国家名称	税率级次
金砖国家	中国	7	部分 OECD 成员国	冰岛	2
	巴西	3		爱尔兰	4
	俄罗斯	1		意大利	5
	印度	4		日本	7
	南非	6		韩国	5
部分 OECD 成员国	澳大利亚	4		拉脱维亚	1
	奥地利	3		立陶宛	1
	比利时	5		荷兰	4
	加拿大	5		新西兰	4
	智利	7		挪威	2
	捷克	2		波兰	2
	丹麦	3		葡萄牙	2
	爱沙尼亚	1		斯洛伐克	2
	芬兰	5		斯洛文尼亚	4
	法国	5		瑞典	3
	德国	3		土耳其	4
	希腊	8		英国	3
	匈牙利	1		美国	7

数据来源：根据各国政府网站等数据整理。

英国税收政策和税制的特点及借鉴

——英国税收政策研究报告之一

潘国俊　刘薇　朱良才

英国是现代财政预算制度和税收制度的重要起源地，其税收政策和税制不仅对本国经济社会发展产生直接影响，也对各国税制改革产生了影响。英国的税制结构经历了三个阶段：早期以间接税为主；其后随着经济社会发展和税制改革，形成了直接税、间接税并重的“双主体”构架；随着直接税特别是个人所得税比重进一步上升，直接税成为主体，间接税处于辅助地位。目前，英国直接税收入占全部税收收入的60%以上。建议借鉴英国等发达国家做法，立足我国国情，遵循客观规律，推进税制改革，进一步完善直接税和间接税并重的“双主体”税制格局，在此基础上稳步提高直接税比重，最终形成以直接税为主的税制。

一、英国以直接税为主，主要面向个人征收，有效发挥了收入调节功能作用

2017—2018财年，英国税收收入7533亿英镑，占GDP比重

为 36.4%，处于发达国家中间水平。其中，直接税是英国税收的主体，税种主要包括个人所得税、企业所得税、国民保险税等。

（一）个人所得税制度简便易行，体现“量能负担”和公平原则。个人所得税是英国第一大税种，至今已有 220 年左右的历史。2017—2018 财年英国个人所得税收入 1806 亿英镑，占税收收入的 24%。二战后，英国曾持续提升高收入者的税负水平，最高边际税率在 1978 年高达 83%，富裕阶层税负较重，积极性受到打击，对经济社会发展带来不利影响。1979 年之后，英国按照“量能负担”和公平原则，逐步进行个人所得税改革。一是综合课征。居民的绝大多数收入，包括工资薪金、自营收入、养老金、年金、租金等经常性收入纳入综合所得，少数资本利得，包括利息、证券分红等非经常性收入实行分类征收。二是扩大税基。目前英国个人所得税纳税人约 3100 万人，占总人口一半左右。三是降低最高边际税率。1979 年将最高边际税率降低 23 个百分点，达到 60%；1988 年又下降为 40%；2009 年受国际金融危机影响，财政收入下降太快，迫于收支压力上调至 50%；随着财政形势好转，又下调最高边际税率，目前为 45%。四是减少税率档次。1979 年税率档次多达 11 级，此后逐步缩减，1989 年最少的时候仅为 2 级，目前为 3 级。同时，提高征管技术和水平，防范偷逃税款，体现纳税公平。

（二）企业所得税改革侧重涵养税源，增强税制竞争力。英国政府认为，要提高企业在全球的竞争力，就应该降低企业所得税税负，鼓励企业发展。企业发展起来以后，就会创造就业，有了就业居民就有收入，个人所得税也有了税源，财政运行就可持续。因此，英国注重发挥企业所得税的减税作用，近年来持续降低企业所得税税率。2012 年企业所得税税率为 23%，此后数次下调，2019 年已经调低到 19%，2020 年 4 月 1 日后，将进一步降低到 17%。

（三）国民保险税根据承保对象分别征收，用于社会保障。国民保险税是英国的第二大税种，2017—2018 财年收入为 1315 亿英镑，占税收收入的 17.5%。英国国民保险税属于中央税，主要由雇主和雇员按收入的一定比例缴纳。这个税种的一大特点是，根据不同就业形态采取不同税制。对于受雇于企业的一般雇员，实行累进税率；对于个体经营者和自愿投保人实行定额税率。这种根据实际情况进行分类征收的制度安排，便于提高税收征管效率。在一个财政年度内，国民保险税收入用于养老、医疗、失业、伤残等，剩余部分存入国民保险基金。当基金不够支付时，由一般税收收入拨款到国民保险基金；收入超过支出时，国民保险基金自动积累为盈余，有效保障了社会福利支出。

此外，英国还有市政税和营业房产税两个财产类地方税种，尽管占税收总收入的比例不高，但对房地产市场调控有一定影响。

二、英国的间接税包括增值税、消费类税等，在税制中处于辅助地位

目前，英国间接税收入占全部税收收入比重不到 40%，其中增值税、消费类税等筹集收入、调节消费行为作用较为明显。

（一）增值税简洁清晰，基本体现税收中性。增值税是英国第三大税种，也是间接税中最重要的税种。2017—2018 财年增值税收入 1255 亿英镑，占税收收入的 16.7%。英国增值税的前身是零售税，1973 年英国加入欧共体之后，正式改成增值税。英国增值税的标准税率历经多次调整：1973 年为 10%，1974 年降低为 8%，1979 年将 8% 税率和 12.5% 税率合并后提高到 15%，1991 年上调至 17.5%，为了应对 2008 年国际金融危机而下调到 15%，

2010年又调回17.5%，2011年进一步上调至20%并保持至今。目前，英国增值税税率有三档，标准税率20%一档覆盖绝大部分货物和服务，体现税收中性原则。低税率为5%和0%，主要适用于民生领域，覆盖范围较小。英国增值税的标准税率之所以相对较高，一方面是由于欧盟为防止各国出现税收优惠的恶性竞争，要求各国增值税税率不能太低，另一方面是英国作为高福利国家，也需要较高的税率来保障税收收入。

（二）消费类税收主要是对烟、酒、燃油等特定产品征收，发挥引导消费者行为、促进公众健康、保护生态环境等作用。这些年，英国创新消费类税制，通过新设税种或调节税率，倒逼生产者转变生产行为或消费者改变消费方式。比如，新设含糖饮料税、塑料包装税等新税种，促进国民健康和生态环境保护；灵活调整酒税、烟税等税率，抑制这些消费行为，同时稳定税收收入。

此外，英国还有一些针对特定经济行为征收的间接税，包括：道路使用税、保险费税、航空旅客税、垃圾填埋税、气候变化税、博彩及游戏税等，这些税种发挥了一定的调节和引导作用，也在一定意义上促进了社会公平。

三、几点启示和建议

目前我国间接税收入占比大概为六成，直接税特别是个人所得税收入比重低。这符合我国发展的阶段性特征，但也存在调节作用不够强、自动稳定器功能发挥不充分等问题。我国的税制改革要着力逐步提高直接税比重，以更好发挥调节收入差距、实施逆周期调节等作用。

（一）兼顾效率与公平，确保财政运行可持续。税制改革要立足我国国情，注重不同税种的平衡。坚持减税与改革完善税制有机结合，推进建立和完善现代税收制度，避免影响财政可持续。同时，不同税种改革重点不同，要发挥改革的协同效应。增值税是间接税，主要作用是筹集财政收入，改革应侧重于提高征收效率、兼顾公平。个人所得税改革要更注重社会效应，坚持公平优先、兼顾征收效率。企业所得税要考虑国际税制竞争，应在公平征收的基础上，侧重提高效率，通过适当降低税率来激发企业活力，稳定经济运行。

（二）税制改革要把握好时机，利用好时间窗口。这几年减税降费力度大，财政收支平衡压力大。降低企业所得税税率、降低个人所得税最高边际税率并简并税率级次等，是有必要的，继续深化税制改革要充分考虑财政形势和承受能力，并把握好时间节点。

（三）科学评估风险，积极稳妥推进直接税改革。直接税改革处理不好，容易引起社会不满情绪，或者是引发资本和劳动力的外流，具有较高的风险。1989 年英国用人头税代替此前的财产比例税，结果引起社会普遍不满。当前和今后一个时期，建议加强对一些高收入群体的个人所得税征管，同时拓宽纳税人覆盖面，把该收的税收上来，随着居民收入增长、税基扩大，逐步提高直接税占比。我国对财产征税较少，建议稳步推进房地产税立法，逐步建立财产税制度。目前我国社会保险基金收入以缴费形式缴纳，建议适时实施“费改税”，提高社保收入征收的法律权威和刚性，减少地方政府和部门干预，确保社会保障制度可持续。

（四）加强税收征管，保障税制发挥好作用。税制要发挥效果，需要加强税收征管作保障。建议：一是完善税收征管。加快税务信息化建设，提高税源监控能力和税务稽查能力，为税制改革提供良好的征管环境。二是通过税制改革倒逼税收征管进步。英国税制改革过程中，并没有因为征管技术不具备而放慢节奏，而是同步推进。建议借鉴英国做法，在税制优化中倒逼税收征管，使税收征管随着税制改革逐步改进。三是加快推进税收立法。与英国相比，我国的税法立法层次较低，现行的 18 个税种还有 9 个尚未立法，建议加快增值税、消费税、关税等税收立法，充分体现税收法定。

（五）保持合理的中央与地方税收收入比例。英国税权高度集中，中央税由中央政府全权负责制定与管理，包括个人所得税、企业所得税、增值税、国民保险税、燃油税等，地方税由地方政府负责管理，主要是房地产类的两个税种。这些年，英国中央税与地方税的占比分别约为 90% 和 10%，地方的大部分财政收入依赖中央财政补助。我国中央税收收入占比在 50% 左右，通过向地方实施转移支付，体现中央政策取向，也有利于均衡地区间财力。建议继续维持这个比重，使中央与地方税收收入比重大致“五五开”。

英国减税政策的主要做法

——英国税收政策研究报告之二

党小卉　蒋震

英国是老牌资本主义国家，近代曾数度深陷经济金融危机。减税既是20世纪80年代英国首相撒切尔夫人执政期间治理滞涨的主要手段，也是西方供给学派对推行优化税制等相关改革、释放经济活力的重要主张。近几十年英国实行减税政策的经验，对我国进一步推进和优化减税降费政策具有一定借鉴意义。

一、英国政府把减税作为调节经济的重要手段

英国政府注重将减税作为应对经济下行压力的重要宏观调控工具，并加强与其他宏观经济政策协调，共同发力，促进经济稳健复苏。

（一）撒切尔夫人执政时期，减税是治理滞胀的主要宏观调控工具。20世纪70年代末、80年代初撒切尔夫人执政初期，英

国经济深陷滞胀，GDP 增速从 1978 年的 4.2% 大幅下滑至 1980 年的 –2.0%，通货膨胀率一直处于 10% 以上，失业率从 1979 年的 5.2% 激增至 1982 年的 11.6%。为摆脱经济困境，英国政府除收紧货币抑制通货膨胀外，还通过实施大规模减税释放经济活力。一是大幅调减个人所得税。1979 年个人所得税最高边际税率从 83% 降至 60%，最低边际税率从 33% 降至 30%；1988 年又将最高边际税率降至 40%，最低边际税率降至 25%，大大减轻居民税负。二是持续降低企业税负。企业所得税税率从 1980 年的 52% 降至 1990 年的 34%，10 年间调降 18 个百分点。1980 年，为吸引投资，专门设立税收特惠区域，免除区内企业土地税等。三是大力简化税制。1979 年将增值税税率由 8% 和 12.5% 两档合并为一档，并提高至 15%。四是积极拓宽税基。扩大奢侈品征税范围，大幅提高烟酒和奢侈品的消费税税率，强力增加高收入群体税收等。在降低直接税比重的同时，适当提高了间接税比重。

随着各项宏观调控措施特别是减税政策的实施，英国经济状况大为改善。GDP 增速从 1980 年的 –2% 升至 1988 年的 5.8%，通货膨胀率从 1980 年的 18% 降至 1986 年的 3.4%。更重要的是，减税有效释放了经济活力，促进企业投资增加，创造更多利润和就业，1990 年英国失业率降至 6.9%。同时，通过改革税制、优化税收结构、拓宽夯实税基，英国政府增加了税源和税收，逐步弥补财政收支缺口，1987 年英国财政由赤字转为盈余。

（二）布朗与卡梅伦执政时期，减税是应对国际金融危机的重要措施。2008 年国际金融危机爆发，对英国经济造成较大冲击，GDP 增速从 2007 年的 2.5% 急剧下降至 2009 年的 –4.2%。面对严重的经济衰退，英国政府大力推行减税政策。布朗政府执政期间，全面削减个人和企业税收，将个人所得税最低边际税率由 22% 下调至 20%，企业所得税税率从 30% 调降至 28%，增值税税率也由 17.5% 调减至 15%。卡梅伦政府执政期间，优先推行企业所得税改革，2010 年 9 月，明确提出减税措施，以提升英国税制在 20 国集团（G20）中的投资竞争力，企业所得税税率从 2010 年的 28% 降至 2015 年的 20%，在 G20 中最低；小企业所得税税率从 21% 降至 20%。2013 年 4 月，英国政府又推出“专利盒”制度，企业运用专利发明所获利润均可享受 10% 的低税率优惠；为激发企业创新活力，向创意和高科技产业提供 1 亿英镑的减税计划；为鼓励中小企业投资，2014 年 4 月至 2015 年 12 月实行年度投资抵免政策，如果当年企业投资规模翻番，可冲减企业所得税应纳税额。

布朗及卡梅伦政府实施扩张性财政政策和量化宽松货币政策，刺激经济复苏，取得一些成效。2010 年英国经济增速由负转正，2014 年升至 2.9%。英国政府通过实施减税政策，特别是“专利盒”制度、降低跨境资本所得税税负等减税措施，吸引大量国际资本流入，支持做大实体经济，持续增加政府税收收入。2010 年英国财政赤字率达到 10.1% 的阶段性高点后开始逐年下降，2016 年降至 3.4%，接近国际金融危机前水平。

（三）英国决定“脱欧”以来，减税成为应对政经乱局的首要政策手段。2016 年英国决定“脱欧”使政治和社会陷入空前分裂，英国与欧盟、政府与议会之间的“脱欧”谈判进程一波三折，由此带来的不确定性严重削弱投资和消费，拖累英国经济增长。2018 年 GDP 增速从 2016 年的 1.8% 下降至 1.4%，为 2012 年以来经济表现最差的一年；2019 年前三季度环比分别增长 0.5%、−0.2% 和 0.3%。尽管英国经济避免了技术性衰退，但 8 月和 9 月的 GDP 月率均在萎缩，11 月服务业、制造业及建筑业 PMI 等先行指数凸显英国经济基础十分脆弱，预计四季度经济增长仍将疲弱。

IMF 最近将今年英国经济增长预期由此前的预测值 1.3% 下调至 1.2%，为国际金融危机以来最低水平。

英国舆论多认为，虽然近期英国首相鲍里斯 · 约翰逊领导的保守党赢得大选并取得议会下院绝大多数席位，他与欧盟约定 2020 年 1 月 31 日前英国“完成脱欧”也已成为大概率事件，但在英国与欧盟达成自由贸易协定前，英国经济几乎不可能走出“脱欧”泥潭。据英国经济社会研究院测算，目前英国 GDP 比英国“留欧”缩水 2% 左右；即使 2020 年英国如期完成“脱欧”，英国与欧盟达成最新“脱欧”协议，由于贸易壁垒加大，欧盟移民减少，企业生产率和新投资意愿下降，部分生产链外移，英国经济或将比“留欧”萎缩 3% 至 4%。

为应对经济持续低迷，前任首相特蕾莎 · 梅政府推出新的减税计划。减税政策的着力点仍是企业所得税，2017 年将税率从 20% 调降至 19%；为鼓励企业科技创新，2018 年 1 月 1 日起，将大企业和部分中小企业的研发支出税收抵免比例从 11% 提高至 12%。2019 年 7 月 24 日，鲍里斯 · 约翰逊出任英国首相，仍将减税作为提振经济的核心手段。他承诺：一是调整个人所得税，2019 年将个人所得税免征额提高至 1.25 万英镑，2020 年缴付 40% 税率的门槛将提高至 5 万英镑。二是削减企业所得税，2020 年将企业所得税税率进一步调降至 17%；鼓励企业加大知识产权投入，在无形资产扣除方面作出变革。2019 年 12 月 12 日，英国为打破“脱欧”僵局提前大选，减税政策成为保守党争取选民支持、赢得大选的重要因素。虽然至今英国“脱欧”前景不明，包括将英国打造成为全球投资和贸易自由港、提升英国全球竞争力的更多减税政策也有待酝酿推出，但值得关注的是，最近三年英国政府在减税规模不减的情况下，财政赤字率一直在 3% 以下，2018—2019

财年仅为 1.9%。

二、英国政府实施减税政策的经验特点

英国减税政策主要通过降低税负、简化税制、拓宽税基、涵养税源，同步推进相关改革，有序实现减税目标，有一些经验值得借鉴。

（一）减税政策兼顾普惠性和结构性。近些年英国的减税政策，几乎涉及企业所得税、增值税、个人所得税、国民保险税等所有重要税种，以降低企业所得税和个人所得税税率为主，辅以减少个人所得税税率档次、扩大扣除范围、提高扣除标准，并加大对企业研发创新和中小企业的优惠力度。从具体税种看，英国减税政策目标比较清晰：如调减企业所得税，目的主要是鼓励企业投资，着力于推动企业创新创造，实现再工业化，进而创造更多企业利润和就业机会。减免个人所得税、遗产税等，主要目的在于提高居民可支配收入，增强消费能力，特别是刺激中产阶级消费增长。

（二）降低税率与拓宽税基并举。在全球经济增长放缓的大背景下，世界各国纷纷加大税收竞争力度，通过减税提升国际竞争力。英国实施的“专利盒”制度被业界称为吸引国际优质资本流入和利润转存的“蓄金池”，同时还吸引大量人才、技术等优质要素资源汇聚，创造高质量投资与消费增长，成为英国政府增加税收收入的聚集地，真正达到拓实税基、培植税源的效果。

（三）简化税制与降低成本并重。几十年来，英国将“简化税制”作为税制改革路径，通过规范管理程序，降低征纳成本，提高税收效率，增加税制透明度，使企业易于遵从。如 20 世纪 80 年代，撒切尔夫人政府为简化税制大幅削减个人所得税税率档次，

将九级超额累进税率大幅简化为两级。之后，多届英国政府进一步简化税制，大幅缩减制度寻租空间，提高政策执行的质量和效率，让减税政策真正落到实处。

（四）实现减税与增税的平衡。从英国减税政策目标看，政府希望通过短期为企业和个人减负，促进企业扩大投资，增加个人消费，提振经济增长，中长期达到涵养税源和增加税收的目的，实现财政收支平衡，最终达到“无赤字减税”的政策效果。如布朗和卡梅伦执政时期，英国政府采取强有力的减税措施，应对国际金融危机冲击。同时，为弥补财政收支缺口，提高燃油、烟酒和奢侈品的消费税，并加强对企业和个人“反避税”的执法力度，增加税收收入。2010 年英国经济增速由负转正后，英国政府从 2011 财年开始削减财政预算赤字，并及时推出增税措施，承诺待国际金融危机影响过后，还将通过提高高收入者征税增加税收收入，缓解财政收支矛盾。

（五）统筹政策规划、目标管理和绩效评估。英国实施减税政策前，均对减税幅度与经济增长相关性作出测算，并统筹政策事前规划、事中目标管理和事后绩效评估，制定执行减税政策的路线图和时间表。如布朗执政期间，政府根据有关测算预计 2010 年英国经济可能复苏，因而将降低增值税税率的政策执行时间确定为从 2008 年 12 月 1 日至 2010 年 1 月 1 日，个人所得税和国民保险税的优惠政策适用至 2010 年结束。在实施减税政策过程中，政府密切跟踪政策执行效果，及时发现问题，并适度调整推行政策力度和节奏，适时修订政策执行时间。事后科学评估政策实施效果，如卡梅伦执政时期，英国税务与海关总署对企业研发支出抵免政策，按照大中小企业、不同地区、不同项目等进行税款详细统计，重新评估减免税额。

借鉴英国增值税税制的几点思考

——英国税收政策研究报告之三

刘澜楠　刘薇　潘国俊

增值税源于欧洲并盛行于欧洲各国，其中英国的增值税制度很具代表性。目前，增值税是英国第三大税种，占税收总收入的17%左右。英国增值税的税率档次设置、留抵退税做法、对金融业免征增值税、体现中性原则等，对改革完善我国增值税制度有较强借鉴价值。

一、英国增值税有三档税率，但绝大部分商品和服务适用标准税率，建议我国把握好时机、适时简并税率档次

英国增值税标准税率为20%，覆盖绝大部分货物和服务。低税率为5%和0%，适用于民生领域，覆盖范围较小，主要是：供热燃油、儿童汽车座椅、住宅修复等适用5%；食品和饮料（不包

括餐馆用餐）、书籍报纸、儿童服装，以及出口等适用零税率。此外，英国对健康服务、教育、公共文化服务、金融服务、土地供应等实行增值税免税政策。从国际看，实行多档税率的国家也不少。全球实行增值税制度的国家和地区有160多个，其中53%是两档及以上的税率。欧盟28国中，一档税率的国家只有1个，两档税率的国家有8个，三档税率的国家有13个，四档税率的国家有3个，最早开征增值税的法国有4档税率。

目前，我国增值税有三档税率，各档税率与有关行业对应，覆盖的行业都较广，本质上没有标准税率和优惠税率之分。2018年，低税率行业增值税收入占全部增值税收入的40%左右。按行业设置三档税率，是营改增的需要，但存在的弊端也较为明显，容易出现“高征低扣”或“低征高扣”现象，导致行业税负不公平，扭曲市场主体经济行为，抑制增值税中性作用发挥。因此，继续简并增值税税率档次，是增值税改革的大方向。但也要看到，我国是世界第二大经济体，产业门类齐全，目前的三档税率与我国国情基本相符。更重要的是，在我国实行一档标准税率加一档优惠税率的理想税率结构，必然涉及行业现有利益的重大调整，一些行业税负显著减轻，但一些行业税负将显著增加，市场需要经过很长时间才能重新平衡下来。建议：一是暂时不动。先维持目前的三档税率不变，以稳定企业预期、增强市场信心，避免对市场形成大的扰动。二是择机启动。减少增值税税率档次是有必要的，但要考虑国情、立足实际，把握好时间窗口。三是朝着“一档标准税率加一档优惠税率”的结构努力。参考英国做法，绝大部分商品和服务适用标准税率，只有少数行业适用优惠税率，充分体现增值税的中性原则。

二、对金融业免税的做法符合英国现实，但弊端也不少，我国有必要维持对金融业征收增值税

英国对贷款、保险、证券等金融业实行增值税免税。主要原因有四个：一是根据增值额征税的基本原理，对金融业征税需要区分每一笔业务的资金成本，但拆分资金成本难度较大，税收征管较复杂。二是金融业进项税额在英国不能抵扣或退还，相当于对增值税的进项进行了征税，金融业实际上承担了进项税额。三是金融业整体税负并不低。英国对高收入的金融从业者征收较高的个人所得税，对股票、债券和金融衍生品的转让征收 0.5% 的印花税。四是为了支持英国金融业发展，巩固伦敦的国际金融中心地位。

英国财税部门指出，对金融业免税带来的弊端也很明显。一方面，金融业与其他行业高度融合，实施免税切断了增值税抵扣链条，破坏了增值税税制，也不利于金融服务外包业务发展和产业分工。另一方面，政府丧失部分财政收入，需从其他方面多征税来弥补。早在 2010 年，欧盟发布的《增值税的未来》绿皮书就指出，对金融服务等因技术问题而免征增值税的制度，在经济发展和技术进步的背景下，有必要重新进行审视。

我国对金融业征税的主要考虑：一是征税有基础，改革前对金融业一直征收营业税，营改增后平稳衔接为征收增值税；二是保持增值税抵扣链条完整，发挥其征管高效、税收中性的作用；三是我国金融业盈利能力强，具有良好的征税基础。在当前经济下行压力加大，财政收入增速放缓，财政刚性支出难以压减的情况下，建议维持对金融业征收增值税，同时根据金融业发展情况优化相关政策。

三、英国期末留抵退税制度完善，企业退税简单、及时，我国要在财力许可的前提下完善这项制度

实施增值税期末留抵退税，能够减少企业资金占压，更好体现增值税中性原则。英国期末留抵退税的做法简单易行，只要纳税人提出申请并经审核通过后，即可拿到退税，不用结转下期，而且不限制纳税人的资格条件，不同行业、不同规模的企业均可按规定享受政策。具体操作中，只要企业进项税额大于销项税额，就可以在下一纳税申报期内提出退税申请，英国税务与海关总署（HMRC）核实后退还差额部分。从接受申请到批准，要求在 30 天内完成。如果 HMRC 未按期受理完成，则给予纳税人退税的 5% 或 250 英镑孰高的补偿金。

目前，我国期末留抵退税的限制条件较多。最初主要采用结转下期抵扣的做法，主要考虑是，全面实行留抵退税影响中央和地方之间、不同地区之间的财政分配关系，还存在较大的骗退税风险。2018 年，我国开始对装备制造等先进制造业、研发等现代服务业符合条件的企业和电网企业，在一定时期内未抵扣完的进项税额予以一次性退还，退还税额 1149 亿元；2019 年 4 月 1 日起，政策扩大至全行业，初步建立了期末留抵退税制度。对于退税条件，考虑到我国存量留抵规模较大，决定退还的是新增留抵税额，并设定了连续 6 个月增量留抵税额大于零、第六个月增量留抵税额不低于 50 万元和退还比例 60% 等 3 个退税条件。2019 年 6 月 1 日起，选择部分先进制造行业逐月全额退还增量留抵，并取消上述 3 个退税条件限制，退税更加简单直接。建议：今后在财力许可的情况下，逐步对存量部分实施退税。同时，借鉴英国做法，

进一步放宽退税条件，确保增量及时便捷退税。

四、对人力成本较高的行业没有特殊政策，统一适用20% 的标准税率，建议我国逐步实现统一的标准税率

从增值税原理看，增值额是影响增值税多少的因素，企业产品的增值额高相应缴纳增值税多。对一些人力成本较高的行业，如律师事务所、会计师事务所等，进项税额少，企业抵扣也少，但并不意味着企业负担重，因为增值税最终都要转嫁出去的。因此，英国对这些产生高增值额的行业也按 20% 标准税率征税。

与英国相比，我国现代服务业、生活服务业等适用 6% 的最低档增值税税率，是非常低的。这与我国营改增改革平转过渡、税负只减不增的税制设计有关，也与支持鼓励这些行业发展有关。建议：在未来增值税制度改革时，研究逐步缩小制造业和服务业的税率差距。

二、着力缓解企业融资难融资贵问题

加大货币信贷结构调整力度 更好支持实体经济发展

党小卉　陈卫东

今年以来，企业融资难融资贵问题有所缓解，但信贷结构性不均衡问题依然突出。经过跟踪调研，我们认为明年货币政策总体仍不宜搞“大水漫灌”，而应着力解决宏观调控中出现的“肠梗阻”问题，建议用好结构性货币政策工具，调整优化信贷结构，在做好逆周期调节的同时，促进经济转型升级。

一、当前实体经济融资需求的主要特点及其存在的问题

近些年，我国实体经济信贷需求结构性不均衡问题日益凸显。一是我国基建信贷需求较为旺盛。受益于专项债券发行，国家稳增长、补短板政策效果逐渐显现，2018年底以来基建投资有所回升，带动基建信贷需求回暖。但项目周期长、回报率低、项目合规性与经济性的审核难度加大等导致融资面临较大困难。二是5G领域

信贷需求将明显增长。短期看，5G 基础设施建设投资将迎来高峰并持续至 2025 年，投资规模将超过 1.2 万亿元。长期看，随着 5G 基础设施完善，5G 技术发展将拉动中国数字经济增长 15.2 万亿元，还将带来大规模的新增信贷需求。三是随着我国经济下行压力持续加大和中美经贸摩擦的实质性影响持续显现，以及去产能、环保限产等政策影响，传统行业生产经营面临困境，融资需求呈持续下滑态势。

制造业和新兴产业发展面临资金供需匹配度不够的约束。主要表现为：一是制造业有效信贷不足。2019 年前三季度，制造业投资累计增长仅 2.5%，比去年同期放缓 6.2 个百分点，投资需求不断走弱。此外，制造业贷款不良率较高制约银行信贷投放的意愿。二是新兴产业融资需求难以得到满足。一方面，新兴产业融资具有风险高、抵质押物少等特点，传统信贷方式难以匹配；另一方面，我国资本市场融资功能不足，VC、PE 等规模较小。截至 2019 年 9 月，我国直接融资仅占社会融资规模的 13.64%，其中股权融资比例仅 3.31%。三是知识产权质押融资在实施中存在评估难度大、专业性强、二级市场不成熟等困难。2019 年上半年，银行业金融机构累计发放知识产权质押贷款 266.45 亿元，贷款余额为 691.54 亿元，仅占金融机构各项贷款余额的 0.047%。

民营和小微企业融资获得感有所增强，但融资难融资贵的问题仍未得到有效解决。近些年，国家出台了一系列帮扶民营和小微企业融资纾困的政策措施，取得明显成效。据中国银行最新问卷调查显示，64% 的企业认为 2018 年以来获取融资情况有所改善。此外，今年二季度，一般贷款加权平均利率为 5.94%，较上年同期下降 14 个基点。但受多种因素制约，民营和小微企业融资仍然困难，如企业账款拖欠问题严重影响融资。截至 2019 年 9 月，工业企业应收账款周期为54.6天，比上年同期延长7.7天。特别是在调研中发现，有关方面及其关联企业账款支付时间明显延长，甚至出现为规避检查而利用其需求方地位要求下游企业继续供货、但又不签订合同的现象。对应收账款无法确权导致金融机构不能开展应收账款融资业务，企业无法将应收账款转化成现金流。与此同时，银行负债端成本刚性制约实体融资成本进一步下降。一方面，存款竞争加剧、存款集中度下降，银行存款成本对基准利率调整的敏感性下降，最终影响资产端的利率定价；另一方面，非银行机构数量增多，拉长资金进入实体经济的链条，抬升融资成本。从国际经验看，针对民营和小微企业融资应有特殊制度安排。如美国中小企业金融服务主要由社区银行完成，社区银行聚焦当地、股权集中度高、主要发放关系型贷款，能够享受税收、资本、流动性和存款准备金等政策优惠。再如德国对中小企业服务主要基于政府控股的储蓄银行和合作银行，两类银行不以利润最大化为经营目标，业务扩张根据内源资本积累情况，分红和外源股票融资行为均受严格限制。

二、用好结构性货币政策工具、保持流动性合理充裕的政策建议

第一，加大货币政策逆周期调节力度，加强对制造业等领域融资的支持。考虑到明年经济稳增长压力较大以及降低银行资产成本，需继续“降准”。建议明年可降准2—3次，累计降低存款准备金率1.5个百分点。与此同时，发挥好抵押补充贷款（PSL）对制造业投资技术改造的专项资金支持。鉴于技术改造具有投入大、预期收益不确定等特点，财政资金等政策性资金覆盖面较低，

建议确定一个 PSL 额度，专项用于制造业技改投资。

第二，加强融资产品创新，提高对新经济的支持力度。一是加快发展直接融资。健全多层次资本市场，研究出台各类资本市场面向新兴产业企业的融资政策。二是加强产业投资基金的“领投”作用，通过投贷联动，风险共担，提升对新兴产业的融资支持。三是增强银行金融机构服务新兴产业积极性。考虑到商业银行在金融中的主导作用，建议从监管上鼓励银行金融机构加强服务新兴产业的产品创新，建立更具针对性的考核体系，综合股权投资和贷款业务的整体收益进行评价。完善知识产权质押融资保障机制，为银行开展相关业务作参考。

第三，完善 PPP 项目审核标准及相关配套措施，推进基建投资企稳。一是建议有关部门在 PPP 项目入库前严格审核其合规性与经济性，严格审核可行性研究报告出具机构的资质，帮助金融机构客观、准确评估项目质量。二是放宽交通项目建设用地贷款时间要求。城市轨道等交通项目建设用地等“四证”（土地使用证、建设用地规划许可证、建设工程规划许可证、建筑工程施工许可证）办理通常滞后于开工及提款，银行贷款发放面临合规性问题。建议明确此类项目在纳入国家或省级规划并取得可行性研究报告批复的情况下，允许银行可以先行发放贷款。三是明确新建铁路开发用地方案及可行性缺口补助的支付方式。新建铁路项目融资过程中普遍存在补贴方案尚未落实的情况，提高了融资难度。建议可行性研究报告审批前即明确综合开发用地方案及可行性缺口补助的支付方式。

第四，加强应收账款拖欠问题治理，疏通非市场因素造成的货币政策传导“梗阻”。加紧前期欠款的催收和拖欠惩罚力度，明确应收应付条件与期限，保障支付链条下游企业权益。妥善解决应收账款确权事宜，推进应收账款融资业务的发展，帮助企业拓宽融资渠道、有效回笼资金。

第五，提高银行发放制造业和民营、小微企业等贷款积极性。一是敦促监管部门在银行考核方面给予支持，如适当提高对制造业贷款不良的容忍度、降低存款准备金、贷款利息收入免收增值税等措施。二是调整现有政策制度要求，如不对借新还旧贷款进行分类调整、放宽受托支付要求、在资本占用和拨备等方面给予支持等。三是监管部门应出台相关政策为银行机构支持民营企业中长期融资提供指引。对于重点扶持领域或重点支持行业中的优质民营企业，适度放宽中期流动资金贷款与结算周期匹配的要求，指导银行机构根据企业现金流合理安排授信期限和还款方式。

第六，完善银行机构机制设计，形成与民营和小微企业融资需求相匹配的金融服务体系。推动金融供给侧改革，引导银行业差异化、错位竞争，对不同银行的特许权价值、业务范围以及服务对象要形成清晰、细致的顶层设计。从功能和业务范围看，我国民营和小微企业融资主体应为企业所在区域的城商行和农商行。建议引导这两类金融机构遵守属地原则，加大对当地小微企业支持力度，其资产负债结构以当地非金融部门存贷款为主。

小微企业融资在国家强力政策扶持下缘何依然十分困难

牛发亮

今年以来，在国家一系列政策措施带动下，小微企业融资难融资贵问题有所缓解，但部分地方反映对融资环境的改善感受并不明显，企业信贷满意度依然偏低。在当前流动性总体充裕的情况下，国家对小微企业不断加大信贷支持与企业实际感受差异之大原因何在？最近我们对中部某市工、农、中、建四家国有商业银行、某地方商业银行以及8家小微企业做了调研，并与当地有关部门进行了讨论，认为小微企业固有的高风险特性与商业银行风险控制机制不匹配是其融资难的根本症结，经济下行压力加大情况下小微企业风险进一步暴露则是一些政策达不到预期效果的根本原因。建议进一步深化改革创新，完善相关政策，既从银行供给端破束缚强激励，又从企业需求端增信用促规范，同时发挥政府的纽带和财政资金扶持作用，多方协同缓解小微企业融资“老大难”问题。

一、信贷审批权限逐步下放，但有些仍不到位

目前，5家银行市级分行基本都拥有500万元以下小微企业贷款审批权限。某市建行对还后再贷企业有1000万元以下的审批权限。某省农行根据风险防控能力、小微企业不良贷款情况等，将小微企业授信、利率等审批权对市分行实行差别转授，目前赋予某市农行存量续授信及授信项下业务1500万元以下审批权限。某银行县级支行同志反映，银行为控制风险，目前放贷授权仅下放到市级分行，县级机构仍无权审批。另外，银行取消和简化了部分贷款申请资料，对强担保项目还合并了审查、审批环节，贷款时间进一步缩短。但有小微企业负责人反映，银行简化的多是容易提供的资料，会计报表等要件依然保留。小微企业因规模小、财务不规范等，仍然难以提供，手续简化并未给他们带来实质便利。

二、信贷产品不断推陈出新，但一些小微企业的需求仍未得到满足

近几年，银行针对小微企业融资需求，主动创新信贷服务，相继推出云税贷、信用快贷、账户云贷、抵押快贷等产品。但市县支行人员谈到，商业银行信贷产品设计权限基本在总行或省级分行，下级分、支行只能完全照搬执行。这就带来两个方面问题：一方面，有些设计者基层工作实践少，不完全了解小微企业实际需求特点；另一方面，不同地方小微企业经营模式差异较大，信贷需求多元，基层银行无权结合本地企业需求进行调整，很难满

足企业多样化需求。比如，云税贷作为银行与税务部门联合为小微企业、个体工商户提供的“因税获贷”纯信用贷款，借款人可以随时随地通过建设网银、手机银行申请，资金到账最快只需3分钟，无须任何抵押。但有小企业主反映，该产品只面向年纳税额超过5000元的小微企业，并且以企业实际纳税额的5倍放大贷款规模，额度比较小。又比如，某市发制品企业多，普遍希望以出口退税为抵押进行贷款，但基层行却没有这方面的信贷产品开发权限。

三、银行出台不少针对小微企业的信贷激励政策，但有些被小微企业高风险抵消

目前，为贯彻国家支持小微企业政策，各商业银行对基层机构、客户经理等普遍制定了小微企业信贷奖惩措施。比如，某市农行将小微企业信贷绩效等级分为A—E级，对综合排名前3且80分以上的支行营销团队分别奖励2万元、1.5万元和1万元，对评为E级的支行，支行年度绩效考核再下调1个等级。但受小微企业风险偏好高等因素影响，有些政策运行效果并不明显。尤其是随着经济下行压力加大，该市各银行前几年发放的小微企业贷款风险逐渐暴露，大部分金融机构小微企业贷款不良率逐渐攀升，影响了进一步为小微企业放贷的积极性。比如，截至2019年6月末，该市建行小微企业不良贷款率为10.81%，比年初提高了7.01个百分点，高于全行贷款不良率4.88个百分点，很难再给小微企业放贷。还有的银行将小微企业信贷业务发展、不良率等与信贷人员绩效挂钩，在银行不良贷款凸显、不良率较高的情况下，即使客户经理大量营销小微企业信贷业务，对其绩效工资的正面激励也被高

不良率的负面影响抵消，最终绩效工资并未增加，难以提高营销积极性。

四、不少银行出台了针对小微企业放贷的尽职免责措施，但尚未使基层信贷人员彻底放下包袱

几家银行均出台相应尽职免责措施，明确尽职认定标准和减免责情形，激励基层信贷人员给小微企业放贷。比如，某市农行成立尽职评价小组，2019 年上半年召开会议 1 次，审议 1 个问题，免责 4 名人员。但小微企业经营波动大、风险高、平均生命周期短、财务制度不健全，信贷人员对小微企业普遍存有较强的惧贷心理，往往不愿去冒险，甚至存在“少放少错”的消极思想。有人谈到，2013 年前后，该市银行系统因贷款质量被追责的信贷人员超过 1000 人，全市信贷人员对此记忆犹新，普遍担心即使目前追责机制有所放宽，未来也可能会因为政策收紧遭到“秋后算账”。还有人反映，一旦小微企业贷款出现风险，即便客户经理能够减免责，后续也要耗费很大精力跟进财产保全、起诉等事务。

五、银行普遍落实国家降利率要求，但小微企业高风险特性导致可持续性不强

今年以来，为贯彻国家降利率政策，商业银行对小微企业贷款按照“能降尽降”原则，普遍实行较为优惠的利率，小微企业融资成本有所下降。截至 2019 年 6 月末，某市工、农、中、建四家国有商业银行小微企业贷款加权平均利率分别比年初下降 0.8、

0.51、1.31、1.2 个百分点。其中，工行对双优资产小微企业贷款执行人行同期基准利率 4.35%，普惠小微企业贷款执行 4.785%—5.22% 的利率，上浮 10%—20%；农行对小微企业普惠贷款利率的区间是 4.90%—5.1%，上浮 13%—17%；建行对 1000 万元以下小微企业贷款全部执行 4.35% 的基准利率。但在国家不断释放流动性的情况下，小微企业贷款规模增长依然乏力。截至 2019 年 6 月末，全市贷款余额 1908 亿元、比年初新增 148 亿元，增长 8.41%、同比多增 79 亿元，而小微企业贷款余额 562 亿元，只比年初新增 8 亿元、同比少增 4 亿元，比年初增长 1.47%、同比回落 0.9 个百分点。有人谈到，“融资难”“融资贵”虽然都是目前小微企业面临的难题，但“融资难”无疑是当前更为迫切需要解决的。对于国有商业银行而言，本身为国家财政出资，在经济下行压力加大时要求其顾全大局、带头为小微企业降利率、履行社会责任是必要的。但银行和企业作为不同市场主体，各有各的利益诉求，对银行来说，只有高收益才能覆盖高风险，忽视商业银行风险而单独要求降低融资成本，如果相关政策不相应跟进调整，势必影响其对小微企业放贷的积极性，实际也很难长期持续下去。

六、银行不断拓展小微企业的信用载体，但最终难以绕开抵押或担保

近年来，银行不断创新信贷抵押方式，但有人反映，受风险控制约束，这些创新大多只是在流程、利率等方面作些改进，最终仍以安全为前提，要求用易变现的土地、房产、机器设备等“硬件”作抵押，而小微企业多是租用土地、厂房。小微企业资金需求主要是在获得订单或签订合同之后生产需要，希望银行能够以订单

或合同作为抵押提供生产资金，银行对小微企业却一般发放固定期限流动资金贷款，与企业需求脱节。比如，某电气行业小微企业反映，其资金需求一般是合同中标后生产资金需要，企业交货并完成验收3个月后即可归还资金，但由于缺乏抵押基本拿不到贷款。另外，受前几年担保圈风险影响，银行要求必须有资质的担保公司提供担保，企业需要缴纳担保费并提供反担保，给企业融资带来很大困难。比如，某公司因被担保企业的贷款未及时偿还，2016年重新注册新公司后，由于与原公司有关联，导致无法正常贷款融资。有企业负责人谈到，商业银行不把第一还款来源作为信贷审批决策的关键依据，而是过度依赖担保，不仅导致企业担保难，也放大了担保圈风险。

七、银行普遍设置了小微企业信贷部门，但缺乏针对性的专业信贷人员和信贷服务

小微企业量大面广，财务等信息不完整、不透明，对其放贷需要进行大量的调研和量化分析，但基层银行信贷服务和人员往往聚焦大企业大客户，专门针对小微企业服务的能力不足。目前，某市不少金融机构只是在公司内部某部门下设一个二级部门服务小微企业，不仅管理、考核均依附于公司部门，没有体现区别对待，而且专职小微企业信贷人员数量也明显不足。比如，某地方商业银行在公司部设立小微企业二级部门，对其管理模式、考核机制完全参照普通企业贷款。该行共有各类客户经理70人，而其存量小微企业客户就有800户、个体工商户2648户，他们不仅要负责大企业贷款，平均每人还负责小微和个体工商户近50户，工作任务极重，很难全面深入掌握企业情况，也就难以提供针对性强的

信贷服务。专业化服务欠缺在一定程度上也导致虽然贷款利率有所下降，但抵押评估、担保、审计报告等费用依然偏高，小微企业综合融资成本并没有出现明显下降。

八、银行系统信用体系初步建立，但仍未能有效解决银企信息不对称问题

有人谈到，当前小微企业不良率较高的主要原因是经济下行压力加大，生产经营困难，流动性比较紧张，的确是无钱归还贷款，真正恶意逃废债务的比例较低。但当前信用体系建设着重解决的是逃废债务问题，没有真正整合部门信息资源，建立统一全面的信用信息数据库。这就导致两方面问题：一方面，银行想全方位掌握企业信息，但信用信息碎片化地分散在市场监管、税务等部门，缺乏全国统一全面的查询平台，银行收集信息仍然既难又贵。已对接的部门公开信用信息不完整、更新很不及时，已在总行层面对接的查询系统需要下级行逐级再对接，比如“银税互动”等信息查询和共享仍需要下级行和当地税务局再申请对接。另一方面，企业反映银企之间存在信息屏障。银行信贷政策与金融产品相对都比较专业，社会知晓度不高，加上有的小微企业又缺少专职财务人员，这种情况下，企业有意愿贷款时，不知该去哪家金融机构、哪个部门、找哪个人，即使进对门、找对人，面对品种繁多的信贷产品，也茫然不知该如何选择。

九、多方联动缓解小微企业融资“老大难”问题

小微企业是稳定和扩大就业的基础。针对当前我国经济下行

压力不断加大的问题，建议聚焦商业银行风险控制机制与小微企业固有高风险不匹配这一根本症结，坚持银行、企业、政府多方联动，精准协同施策，真正形成合力、实现共赢。具体建议：

（一）持续深化金融领域“放管服”改革。县级支行作为商业银行体系的末端，最贴近小微企业，建议进一步扩大其放贷自主权。比如，赋予效益好、不良贷款率低的县支行一定限额贷款审批权，对县域规模较大企业以及低风险贷款业务，直接转授县支行自主审批。对于总行或省级分行创新的信贷产品，允许基层行在控制风险的前提下，根据实际需求灵活进行调整。进一步细化尽职免责标准和情形，形成规范化制度，让基层信贷人员彻底放下心理包袱。

（二）加快建立小微企业统一信用信息体系。小微企业缺信息是其缺信用的关键。建议利用大数据等新技术，统筹整合金融、税务、司法、市场监管、电力等部门资源，建立统一的企业信用信息基础数据库，银行之间也要共享企业基础数据、融资需求等，坚决打破信息“孤岛”，提高小微企业获信能力。

（三）强化激励调动银行对小微企业放贷积极性。比如，结合实施定向调控，对小微企业贷款达到一定规模或发放中长期小微企业贷款达到一定规模的银行，继续执行并不断调整优化差别存款准备金率或差别化监管政策，增强银行资金实力和放贷能力。充分发挥县级支行地缘、人缘、血缘网较密优势，实施更加灵活的贷款管理政策，比如单列信贷计划、放宽审核限制条件、放宽呆账贷款核销条件等，鼓励增加对小微企业信贷投放。

（四）降低银行经营风险成本。建议由当地人民银行联合地方政府，共同绘制本地区金融风险分布图、风险企业分布图等，并定期调整更新，为银行放贷提供支撑。加快完善国家、省、市、县政策性和商业性担保体系，进一步降低担保费用，提高担保公司担保能力；加大对银行小微企业贷款风险的奖补，降低银行经营风险。另外，建议推动国有商业银行普惠金融事业部力量下沉，通过提高专业化服务水平，增强基层支行服务小微企业的能力。

（五）多措并举发展直接融资。对于风险较高的小微企业，完全依赖银行贷款保障资金需求也不现实。建议大力发展各类风险投资机构，引导高风险偏好资金进入实体经济，弥补银行因风险控制比较严而造成的资金缺口。比如，对于愿意进行高风险投资的社会资本，支持设立小微企业风险投资基金，为科技型小微企业提供资金支持；设立小微企业民间融资备案登记机构，推进民间融资阳光化；建立民间融资债权转让市场，进一步规范发展民间借贷等。

“30%和一个百分点”任务落实较好新情况新问题需要及时解决

——缓解小微企业融资难题调研（上）

宋立

为落实中央经济工作会议精神、《政府工作报告》要求，在缓解小微企业融资难融资贵问题上今年对大型商业银行提出了“量增价降”的量化要求。为了解落实情况，我们与金融管理部门、大型银行相关负责人进行了座谈，并到农总行、建总行和浙江、江西和山西进行了调研。

总体来看，各级管理部门积极营造良好环境，为银行服务小微企业创造条件。大型银行抓紧落实“量增30%、利率下降一个百分点”，总行及时分解任务，保障资源配置、优化考核激励、创新产品服务，各级分支行积极优化信贷审批流程、下放授用信审批权、落实尽职免责条款，推动政策措施及时落地。5月末，5家大型银行小微企业贷款余额2.11万亿元，较年初增长23.7%，已完成全年计划的77.6%。小微企业贷款利率为4.79%，较去年全年平均利率下降0.65个百分点。从以往信贷投放规律判断，今年完成“30%和一个百分点”的任务目标没有问题，但部分地区、部分银行出现了一些苗头性问题。同时，银行普遍反映随着小微企业贷款规模增长，不良率上升较快。某大行今年一季度不良率上升到6.31%。对此，需高度关注、强化监管引导，防止“量增价降”任务执行中出现各种问题和跑偏现象。

一是处理好信贷“量增”与“价降”关系，引导大型银行进一步加大小微企业信贷投放

大型银行落实“30%和一个百分点”情况较好，但不同地区和银行情况有所不同。一是银行之间不平衡。前几年小微企业金融服务做得好的银行反映，今年完成任务难度较大。小微企业金融服务起步晚的银行，尚有潜力可挖，今年完成任务难度不大。二是有些银行同时完成“量增”与“价降”任务有些困难。多数银行对实现贷款余额增长30%以上比较有信心，但对完成降成本任务不是很托底。根据对大型银行资金成本、风险成本、运营成本等核算，国有大行小微企业贷款的保本利率为5%，普惠小微企业贷款实际利率为4.79%，小微企业贷款实际处于亏损状态。目前，国有大行把小微企业贷款作为政治任务和社会责任，总行有内部资金转移价格优惠，基层行小微贷款业务尚能做到盈亏平衡。但从长期发展看，商业可持续性不强。部分大型银行分支机构反映，普惠型贷款定价已降至基准上浮10%左右，小微企业贷款的评估费、抵押费都由银行承担，融资成本已无多大下降空间。

一些大型银行尚有潜力增加小微企业信贷，可“先难后贵”

解决小微企业融资问题。从调研情况看，有些大型银行省级分行不仅能完成30%的小微企业信贷任务，而且有潜力投放更多。如某大型银行山西分行在总行下达的普惠金融任务基础上自我加码，调增计划10亿元。由于融资难和融资贵相互关联，资金供不应求、融资难，必然导致融资成本上升。银行表示，压低小微企业信贷利率，会导致部分有更大潜力的银行控制"低利率"信贷供给量，反而不利于解决小微企业融资难题。建议优先解决融资难问题，通过适当放宽贷款利率控制，扩大正规渠道小微企业贷款供给量及市场份额，以此带动综合融资成本下降，解决融资贵问题。

建议放宽超目标增量贷款利率容忍度，激励银行增加小微企业贷款。调研中不少企业表示，他们最关注的是能否快速贷到款，利率稍高一点可以接受。为提高银行给小微企业放贷积极性，建议完善对大型银行的绩效考评办法，适当调整利润增长等核心绩效指标要求。对利率水平已较低的国有大行实行有区别的目标，对小微企业新增贷款超过30%的增量部分，不再设定"一个百分点"的要求。对利率低于5%的要求不上升即可，确保普惠金融业务的商业可持续。

二是引导大型银行与中小银行差异化、错位竞争，防止"头雁效应"变"挤出效应"

调研的三个地区都有中小银行反映，大型银行掐尖抢占中小银行优质客户。特别是部分大型银行竞争粗放，以较低利率打"价格战"，抢夺中小银行有抵押资产的优质小微客户，导致"客户搬家"，对中小银行带来一定冲击。浙江某银行2018年以来利率9%以下的客户流失10489户，某银行仅今年一季度就流失企业客户1085户。

某银行前5个月共有1267笔小微存量贷款未续贷流入他行。江西某银行和山西某银行也反映，大型银行利用资金综合成本较低、结算便利等多重优势，抢走了一些存量小微客户。

“量增价降”政策本来旨在发挥大型银行的头雁作用，对中小银行形成示范带动效应。“贷款搬家”现象出现，虽然短期有利于降低企业融资成本，但有可能使“头雁效应”变为对中小银行的“挤出效应”。叠加其他影响，中小银行资产和负债“两端承压”，可能会被动“缩表”，反而影响小微企业融资可获得性。从长期看，可能会破坏金融服务生态，不利于专业化服务小微企业的社区银行发展。

建议加强对企业和同业“存贷款搬家”的监测和引导，防止大型银行“掐尖”优质客户，稳定市场预期。做好政策顶层设计和统筹协调，适当调整监管政策的考核导向，对不同类型的银行机构进行差异化考核，引导大型银行和中小银行结合自身优势，在服务民营和小微企业方面错位竞争。大型银行不仅应注意自身发展，还应履行社会责任和行业龙头作用，维护行业可持续，按照“保本微利”和商业可持续原则，利用自身优势发掘新客户特别是无贷款客户，防止小微企业在不同银行之间简单“搬家”。监管部门应加强监管指引，加强对企业和同业“存贷款搬家”监测和引导，稳定中小银行负债成本和客户资源，鼓励发展专门服务小微企业的社区银行。

三是引导大型银行合理安排区域信贷和企业授信，防止小微企业信贷形成“马太效应”

调研中发现，为了顺利完成小微企业信贷“量增”任务，有的大型银行出现了"扎堆"放贷现象。总行在信贷任务分配中，倾向于加大经济发达地区和信用良好地区信贷任务，减少欠发达区域、信用恶化地区信贷额度。分支行在具体操作中，竞相对优质小微企业发放贷款，形同"垒大户"。导致一些小微企业的信贷总量不仅超过了银行风控限制，也超过了企业实际需要，一些企业将信贷资金挪作他用、甚至用以套利。

统筹安排全国小微企业信贷额度计划，防止发达地区和欠发地区分支机构信贷配置失衡。为了避免出现地区间金融服务"马太效应"，形成发达地区融资状况更好、欠发达地区融资状况更差的"恶性循环"。建议人民银行加强货币信贷政策"窗口指导"，银保监会加大对银行监管指引，引导大型银行统筹安排全国小微企业信贷额度计划，避免减少不发达地区的信贷额度。

加强银行授信管理和银行之间信息共享，避免对同一企业多头授信、过度授信。加强小微企业服务不能放松应有的风险防控，更不是鼓励加杠杆。为了防止不同银行对部分小微企业多头授信、过度授信，导致部分企业多头融资，杠杆率超出合理水平，建议银行审慎把握企业授信，银行之间加强客户和信贷信息共享，管理部门加强对企业授信审慎管理。

加强贷款资金流向监控和贷中贷后检查，防止企业套利或资金挪作他用。一些银行反映，由于小微企业融资的互联网信贷产品贷款用途监管难度大，部分小微企业在获得低成本贷款后，出现挪用、倒卖资金，甚至骗贷、套利现象。对此，建议银行加强对小微企业的贷款资金流向监控和贷中贷后检查，防止部分企业资金套利，确保贷款资金真正用于支持小微企业经营实业。人民银行的征信系统等也应发挥好预警和提示作用。

应高度重视小微企业融资的商业可持续和长效机制建设

——缓解小微企业融资难题调研（下）

袁鹰

从几个地区的调研情况看，随着缓解小微企业融资难融资贵的政策措施持续发力，银行业小微信贷开始出现量升价降的可喜变化。但也需看到，一些导致小微企业融资难融资贵的老大难问题仍未根本解决，部分银行机构为完成目标任务，采取急功近利的措施，如通过粗放的“价格战”抢夺优质客户，甚至通过调低风控底线来提升放贷量。这些措施虽能解决一时之需，但长期看不具备可持续性，不仅融资难融资贵的情况可能卷土重来，不良率还可能出现阶段性的大幅上升。建议高度重视、抓紧研究解决，推动形成有利于持续缓解融资难融资贵的良好生态和长效机制。

一、强化信息服务基础设施建设，破解信息不对称难题

银行普遍反映，信息不对称既是导致小微企业融资难融资贵的老问题也是新挑战。目前各家银行总行均推出了不少有特色的线上信用贷款产品，申请便捷，利率也不高，但线上贷款运作主要基于企业信息数据。目前企业有关信息分散在各个政府部门，银行对接共享相关数据，需要与政府部门一家一家谈，难度大、成本高。一些地方政府尝试搭建金融综合服务平台，在解决银企信息不对称方面进行了积极探索，但从整体情况看，相关部门出于信息安全、用户隐私等多种考虑，在信息共享方面有较多顾虑。

建议加强信息服务平台建设，多渠道解决信息不对称问题。一是省级政府牵头建立综合信息服务平台。总结推广浙江等地经验，由省政府牵头，在确保信息安全的前提下，整合分散在政府相关部门的企业信息，尤其是市场监管、税务、社保、海关、司法、水电气等企业数据信息，形成综合的大数据服务平台，待条件成熟时再在各省数据平台基础上建立全国统一的综合信息服务平台。二是规范发展市场化的第三方企业征信体系。可以考虑在小微企业较丰富的长三角地区先行试点，支持第三方征信平台、信用评级机构利用公共信息为民营小微企业提供信用产品和服务，同时加强征信市场监管，引导第三方征信机构合理定价，与政府征信体系错位发展、公平竞争，共同解决好信息不对称问题。

二、完善相关政策要求，引导推广无还本续贷

无还本续贷是避免企业高息从民间“过桥贷款”的有效办法。

今年以来，监管部门持续发文要求银行针对还款方式进行创新，并力推无还本续贷。但有部分银行反映，实践中有些问题导致无还本续贷实际推广难度大。一是“临时性周转困难”与“非临时性周转困难”较难区分。监管部门对无还本续贷的目标客户有一定要求，即经营正常但存在临时性周转困难的企业。但在实际操作中，两者很难区分，无论是外部监管还是内部问责过程中，对“临时性周转困难”的事后举证较为困难，从业人员问责压力较大。二是征信报告“借新还旧”标识影响企业贷款周转。企业在使用“无还本续贷”产品后，征信报告中会显示有“借新还旧”标识。目前，银行信贷人员无法准确区分该笔贷款是正常企业的“借新还旧”还是不良企业的“借新还旧”，往往将“借新还旧”标识当成企业触发风险的预警信号。企业因担心在他行的贷款周转受影响，而对无还本续贷产品比较审慎。

建议：一是提高中长期贷款比重。“无还本续贷”的出现归根结底还是小微信贷期限结构“长短错配”造成的。建议通过监管引领，促使银行适当提高中长期贷款比重。二是监管部门调整完善有关要求。建议不提“临时性周转困难”的硬性要求，将能否做“无还本续贷”的选择权交给银行。三是对“无还本续贷”产品，在征信报告中直接标识“无还本续贷”，不再标识“借新还旧”。

三、加强融资担保和风险补偿建设，发挥政府增信作用

小微企业贷款具有信用风险大等特点，需要通过政策性担保、政府风险补偿基金等方式分担风险。但从调研的情况看，各地政府增信作用发挥不够：一是政策性融资担保体系不完善，担保难、

担保费率高。某省的银行和企业反映，融资性担保公司普遍存在业务门槛较高问题，风险管控标准甚至比银行更严格，收费在年化利率 2% 以上，影响了担保获得性。就连小微金融服务走在全国前列的省份，也存在政策性融资担保机构“小而散”、整体实力较弱的情况。二是地方政府风险补偿基金对接落实难，风险补偿机制作用发挥不足。如某省多家银行反映，银政合作产品很受银行、企业欢迎，但存在风险补偿金难到位、代偿率低、程序复杂等问题。

建议：一是发挥国家融资担保基金引领作用，加强对地方政府的考核督导，推动各地政府强化政府性融资担保体系建设。将补充政府性融资担保公司资本金纳入市、县级政府年度财政预算，建立补充担保资本金的长效机制。探索成立专门为小微企业提供担保的专业担保公司。引导各地进一步降低担保收费标准，明确单户担保金额 500 万元以下的小微企业担保费率不超过 1%、500 万以上的不超过 1.5%。二是已建立小微企业贷款风险补偿基金的地方，应根据信贷增长目标适当增加财政资金投入，保持基金运作的稳定，同时在省级层面统筹代偿工作、优化代偿流程、加快代偿进度。三是加快推进民营和小微企业金融服务综合改革试点的财政支持工作，充分调动地方政府的积极性、主动性、创造性。

四、完善内部绩效考核，健全尽职免责机制

尽管各银行总行大都建立了尽职免责方案和实施细则，但从调研情况看，基层网点和信贷人员对发放小微企业贷款仍存在畏难情绪。一是尽职免责边界难界定。部分银行反映，涉及银行业合规经营的相关法律法规和部门规章多达 1400 多部，在出现不良

贷款后，找“错”很容易，信贷人员很难说自己完全没责任，极大影响放贷积极性。二是尽职免责认定主观性强。不少银行缺乏机制性的尽职免责认定程序和标准，且缺乏申诉机制，存在个别领导说了算的情况。

建议：一是修订制度。监管部门应督促商业银行层层完善内部绩效考核，加大正向激励力度，取消原有一些不合理的问责规定，列出“正、负面清单”，明确存续期长、微量损失等尽职免责事项，以及政策突发重大变化、实质性重组等酌情减责事项，打消一线营业机构和客户经理的顾虑。二是完善机制。建立健全尽职免责认定委员会和申诉通道，推动尽职免责制度“真落地、真兑现”。对小微企业信贷业务部门和分支行负责人，若小微企业不良率未超出容忍度范围，在无违法违规前提下，不追究领导或管理责任。三是明确免责。对采取自动审批、自动监控的互联网信贷业务，全程不涉及人工干预的，不追究单笔业务调查、审查、审批责任，充分调动和保护基层行服务小微企业的积极性。

五、完善小微不良贷款处置政策，加快相关工作进度

在小微企业不良贷款处置方面，银行反映较多的问题主要有三个方面。一是处置不良贷款抵押物税收负担重。即抵押资产由贷款人过户至银行被征税一次，银行处置时再次被征税，整个过程银行承担的税费合计约占抵债资产金额的30%—50%左右。二是诉讼费申退难。在采取司法诉讼方式处置不良贷款时，法院在判决后应退回金融机构胜诉案件的预交诉讼费，但实践中银行申退难以落实。2015—2018年，某省银行业胜诉案件5万余件，应退未退诉讼费高达5.7亿元。三是快速核销难。小微贷款快速核销

有利于银行降低不良率，腾挪信贷资源。目前财政、税务部门对不良贷款核销限制较多，包括必须先追责再核销，程序烦琐。

建议：一是对以物抵债方式处置不良贷款的税费实行减免。将不良资产处置行为区别于一般交易行为，对不良资产处置设置专用税（费）率并减免部分税费，降低银行不良资产处置成本。二是完善诉讼费申退制度办法，明确法院落实判决后应按程序限时退回金融机构胜诉案件的预交诉讼费。三是放宽个人经营性贷款客户的核销政策，允许对一年以上未收回的个人经营性贷款及信用卡用款，在提供充分依据的情况下实现自主核销、账销案存。对于已经认定尽职免责的，在小微企业不良贷款核销时，不再将追责作为前提。

六、与时俱进调整相关法律法规，为银行和企业减负

不少银行反映，有些法律制度或监管规定不符合实际情况，徒增企业负担和银行合规成本。一是“面签面核”的规定。一些银行反映，通过线上指纹和人脸识别技术已经能够实现本人验证的目的，但按照监管部门要求，小微企业信贷仍然要执行“面签面核”的规定。二是线上合同的法律效力问题。大部分法院不认可线上借贷合同、电子证据的法律效力，在欠款起诉过程中，需要向法院提供佐证的依据，耗费大量的沟通工作，造成立案难、处置慢。三是受托支付的规定。监管要求单笔金额超过项目总投资 5% 或超过 500 万元的贷款资金，采用受托支付方式，本意是防止资金挪用风险。但不少企业反映，他们的资金需求特点是“短、小、频、急”，受托支付增加了贷款申请和使用环节，有时不得不用假合同、假发票应付，银行也“睁只眼闭只眼”，不仅起不

到监控资金使用的作用，而且耗时长、还增加了合规风险。

建议根据实际情况，及时调整修订相关法律法规。一是加快制定互联网银行监管规定。根据互联网银行发展趋势，调整有关风控规定，引导和优化指纹和人脸识别技术等科技手段在金融领域的应用推广。二是建议最高法院抓紧研究线上借贷合同的成立要件，及时出台司法解释以明确线上业务电子合同和证据的法律效力，同时加强互联网法院建设，强化对互联网信贷业务的支持。三是调整受托支付监管规定，允许银企根据实际需要，自主选择贷款支付方式，同时通过加强贷后管理、事后凭证或合同备案等方式防控风险。

进一步完善商业银行永续债损失吸收机制

——商业银行永续债研究之一

袁鹰　吴汉锋　宋立

商业银行永续债符合计入“其他一级资本”的标准，要求必须有损失吸收机制，即在银行遭遇经营危机时，将永续债进行减记或转股，用于吸收损失、增加核心一级资本。从市场反应看，中行永续债“永久减记”的损失吸收条款，容易给投资者造成“血本无归”的预期，从而影响投资积极性或要求高风险溢价。为更好推动商业银行永续债发行，建议完善损失吸收机制，优化损失吸收触发条件、灵活设置减记方式、完善转股条款配套政策等，以提高永续债市场认可度和投资者投资意愿。

一、损失吸收是确认永续债资本属性的核心条款

损失吸收机制通过法律或者合约形式来确定，对于已经出台金融机构恢复与处置的相关法律的国家（如美国、欧盟）等，主

要通过法律的形式来明确。对于尚未出台金融机构恢复与处置相关法律的国家，主要通过发行合同条款的形式明确。

不论采用哪种方式来确定损失吸收机制，都要考虑两个重要事项：一是吸收损失的触发条件，主要有两种：一种是持续经营触发条件，即银行经营遭遇较大困难，但还没有到破产倒闭的境地，如核心一级资本充足率降至5.125%或以下，即开始承担吸收损失。另一种是无法生存触发条件，指银行已经濒临破产倒闭的边缘，监管部门认定银行将无法生存，即开始承担吸收损失。

二是吸收损失的方式，包括减记或者转股。减记是指直接减记永续债的账面金额，减少永续债本金和利息的支付，以承担发行银行损失。减记也有两种不同的方式：一种是永久减记，即在损失吸收触发条件发生时，发行人自行将永续债按照票面总金额全部或部分减记注销，在任何条件下不再被恢复。另一种是暂时减记，即在触发损失吸收条件减记后，如果发行方经营好转，符合利润转正、资本达标等条件，可对原来减记的永续债部分或全额恢复。转股是指将永续债转为普通股，将投资者以股东身份承担发行银行损失。

二、不同的损失吸收机制设置影响差异较大

（一）损失吸收触发条件越高，投资者风险溢价要求也越高。投资者比股东更愿意接受晚触发条件，因为越晚触发，发生投资损失的可能性越低。股东则更倾向于早触发条件，以便永续债等资本工具更早吸收损失。因此，触发条件越早达到，投资者风险溢价要求越高。中行永续债损失吸收机制设置了双触发条件，既有持续经营损失吸收触发条件，也有无法生存损失吸收触发条件，

相较国际市场永续债而言，标准更为严格，但同时也会降低对投资者的吸引力。

（二）永久减记使投资者本金损失预期较大。中行永续债采用永久减记方式，优点是简单易操作，易于被发行永续债银行的股东接受，但一旦减记发生，即使银行日后恢复经营，投资者的损失也无法恢复。因此，投资者往往会要求更高的风险溢价。

（三）转股更易于被投资者接受，但制约条件较多。在损失吸收触发条件发生时，永续债转为股权，若银行日后恢复经营，投资者能享受股权收益，风险溢价要求也会相应降低。近几年国内没有发行转股型资本债，主要原因在于银行永续债等资本工具在银行间市场发行交易，而银行股票在交易所市场发行交易，永续债如果转为普通股需要“跨市场”操作，由银行间市场转入股票交易所市场，程序复杂、协调难度大。比如，永续债转股需要发行银行股东大会通过增发股票方案，这将受到盈利条件、股东资质要求限制，而且审批手续较为复杂，特别是对于出现严重问题、面临破产的银行，很难达到规定的要求和条件。

三、完善永续债损失吸收机制的政策建议

为支持银行通过发行永续债补充资本，建议对永续债损失吸收条款给予一定的政策弹性，在符合监管要求最低标准的前提下，尽可能降低投资者损失预期，提高投资认购积极性，降低银行发行永续债成本。

（一）优化损失吸收机制触发条件。巴塞尔协议Ⅲ仅要求在会计上列为负债的其他一级资本工具设置持续经营触发事件，对权益类其他一级资本工具并没有作明确要求。可考虑对银行发行

的计入权益类的永续债，不设置持续经营损失吸收触发条件，仅设置无法生存损失吸收的单触发条件，降低投资者本金吸收损失的预期和可能性。

（二）灵活设计减记方式。巴塞尔协议Ⅲ对资本工具减记方式未作明确要求，欧盟、新加坡、中国香港地区保留了弹性。2016年以来，国际银行业发行的永续债中，约有28%的永续债损失吸收采用暂时减记方式，采用永久减记方式的只占14%。建议我国永续债损失吸收机制也设置暂时性减记，允许银行达到净利润（并表）为正、资本充足率等要求，可以对已经减记的永续债进行部分或全额恢复增记，提高投资者认购积极性，降低风险溢价要求。

（三）完善转股条款配套政策。2016—2018年，全球银行业发行的永续债中，约有58%的永续债损失吸收机制采用转股方式。建议探索发行转股条款的永续债，完善相关配套政策，加强部门沟通协作，加强银行间市场和交易所市场等金融基础设施的互联互通，便利转股型资本工具跨市场操作。加快推进金融机构恢复与处置、破产清算等相关立法建设，逐步明确商业银行资本工具损失吸收的转股制度安排，稳定市场预期，引导合理定价。

进一步加强银行资本工具投资者队伍建设

——商业银行永续债研究之二

袁鹰　吴汉锋　宋立

与国际成熟市场相比，我国银行资本工具的投资主体比较单一。此前发行的二级资本债主要通过银行体系内部消化，优先股也有相当部分靠银行表外理财承接。中国银行发行400亿永续债，监管部门及时出台相关支持措施，投资者多元化程度有所提升。但总体看，社保基金和年金等长期限、“实钱”投资者参与仍不充分。这其中既有准入方面的障碍，也有永续债对投资者吸引力不高等原因。建议尽快完善相关配套政策，减少投资者准入障碍，消除投资者疑虑，鼓励社保基金、企业年金等长期专业投资者参与投资，支持银行多渠道补充资本，更好服务实体经济。

一、将永续债等资本工具纳入可投资范围，减少长期投资者投资准入障碍

社保基金、企业年金、大型企业购买减记型资本债普遍存在一定准入障碍，这是导致近年来境内二级债投资者构成单一、定价市场化程度较低的关键原因之一。社保基金和企业年金是我国重要的机构投资者，2018 年末，社保基金和企业年金委托基金管理公司投资的资产规模合计达 1.67 万亿元。社保基金和企业年金投资规模大、期限长，正好与商业银行资本工具期限长的特征匹配，但目前对银行资本工具投资较为有限，有较大挖潜空间。

从投资范围看，社保基金和企业年金可投资银行优先股，但需征得委托人同意。目前的做法是，社保基金采取“一事一议”，需通过全国社保基金理事会同意。在投资减记型资本债方面，实行白名单制，财政部和原劳保部制定的《全国社会保障基金投资管理暂行办法》、人保部和金融监管部门印发的《关于扩大企业年金基金投资范围的通知》规定，社保基金和企业年金投资范围包括“金融债”，但没有明确是否包括永续债、二级债等资本工具。由于永续债、二级债等大多都设置了减记条款，在一定触发条件下本金将被减记，如未明确纳入白名单，社保基金及委托管理人投资会有顾虑。

现阶段我国商业银行经营稳健，资本充足率水平较高，优先股、永续债、二级债等资本工具触发本金损失的概率较低，应该是社保基金、企业年金等长期专业投资者较好的投资品种。建议修订《全国社会保障基金投资管理暂行办法》、《关于扩大企业年金基金投资范围的通知》，将永续债、优先股等商业银行各类资本工具

纳入白名单，明确为可投资产品，将“一事一议”变为制度支持，并指导社保基金及委托管理人进行投资。

二、适当提高有关监管要求的弹性，鼓励理财子公司加大对永续债的投资

银行自营账户是二级债的重要投资者，持有比例约在20%左右，但投资权益类产品存在制度障碍。根据《商业银行法》第43条，商业银行“不得向非银行金融机构和企业投资”。而“投资设立、参股、收购境内法人金融机构”为银保监会行政许可事项，需逐笔审批。优先股和永续债“亦股亦债”，需要监管明确银行才敢投资。而且，商业银行作为投资方，如果投资金融机构资本补充工具超过一定标准，超额部分需要按规定直接扣减对应资本。比如，商业银行对未并表金融机构的小额少数资本投资，合计超出本银行核心一级资本净额10%的部分，应从各级监管资本中对应扣除。此外，银行自营资金投资永续债适用250%风险权重，资本占用较高。

表外理财是二级债、优先股最主要的投资者，商业银行表外理财二级债持有比例约为75%，优先股认购比例约为50%。但未来资本工具投资将面临资管新规和理财新规约束。需要考虑三个问题：一是根据理财新规，银行私募理财产品可以直接投资上市银行股票，公募理财则只能通过投资公募基金间接投资股票。二是资本补充工具没有固定到期日，不能有明显的赎回预期，与封闭式理财产品期限匹配成问题。三是永续债的估值难度较大。既不能根据到期期限使用摊余成本法，如果没有活跃的市场报价，也用不了市值法。这些问题都会影响理财资金未来对银行各类资

本工具的投资意愿和能力。

尽管银行自营账户、表外理财投资银行资本工具存在同业互相持有的问题，但在市场发展初期，为保证银行永续债顺利发行，还需要银行特别是银行理财子公司发挥重要作用。建议相关部门修改相应规章，明确商业银行可投资银行优先股和永续债，打消银行自营账户参与投资的疑虑。适当调整风险权重计量标准，减少银行自营投资永续债的资本占用。同时，考虑到永续债为标准化产品，在投资永续债的期限匹配、投资比例等方面，建议对银行理财子公司和部分基金给予更大弹性，鼓励理财子公司加大对永续债的投资。

三、通过优化一级交易商结构等方式，进一步提高永续债市场流动性

流动性是影响投资者投资永续债等银行资本工具积极性的关键因素之一。与普通债券相比，银行资本工具出售变现、质押融资的能力即流动性较差，影响表外理财、基金、券商投资的积极性。央行已将政策性银行、大型银行和股份制银行二级债作为公开市场操作抵（质）押品。但银行间市场成员之间不少银行还不接受二级债作为回购押品。永续债风险高于二级债，成为合格押品的难度更大。另外，近期推出的央行票据互换工具（CBS）仅面向一级交易商，只能部分解决永续债的流动性问题。因为一级交易商的结构本身还有待优化。目前 49 家一级交易商中，46 家为商业银行，证券公司仅 2 家，除 2019 年刚纳入的中债信用增进投资公司外，包括保险公司在内的其他类型金融机构尚没有纳入。而一些实力雄厚的证券公司、保险公司是债券市场的重要投资者，投资体量

大且活跃度较高，并且未来可能是永续债最重要的投资者，如不能作为一级交易商参与央行票据互换，会一定程度影响其流动性管理，进而影响其投资永续债的积极性。

建议从以下几个方面探索提高永续债等资本补充工具的流动性。一是建议适当扩大一级交易商类型，优化一级交易商结构，在一定标准下将一些资金实力雄厚、信誉好的保险公司、证券公司等非银金融机构纳入，既有利于提高这些机构投资永续债的积极性，也有利于进一步增强央行公开市场操作的有效性。二是鼓励银行间市场成员之间使用永续债作为合格抵押品进行融资，开展回购交易等业务。三是探索由永续债承销商作为银行间市场做市商做市，提供永续债的双向流动性。

鼓励商业银行境外发行永续债等资本工具

——商业银行永续债研究之三

袁鹰　吴汉锋　宋立

目前，我国永续债等资本工具发行主要依靠境内市场，境外发行量较少，与欧美银行以国际化发行为主的状况存在较大差别。随着永续债等资本工具发行规模的扩大，需要考虑境内大规模发行对银行间市场和资本市场的冲击和影响。当前，加大境外市场利用力度，鼓励有条件的中资银行赴境外发行永续债等资本债券，既必要也可行。建议平衡好境内外债券市场规模，科学合理做好发行规划，优化银行境外发债管理，酌情调整资本工具合格标准，稳妥增加基于多种规则的境外资本债券发行，推动扩大银行境外发行永续债等资本工具规模。

一、中资银行境外发行资本补充工具潜在空间较大

近年来，随着中资银行国际化进程的加快，特别是巴塞尔监

管协议Ⅲ在中国落地实施，中资银行为补充资本或出于发展战略考虑，逐步探索在境外发行优先股、二级资本债券等资本工具。但总体看，与欧美等发达国家银行相比，我国银行业在海外市场筹集资本的规模仍偏小。2014年以来，中资银行境外发行优先股300多亿美元、二级资本债仅100多亿美元。不仅中小银行境外发行资本补充工具规模较小，中资大型银行海外融资占总外源融资的比重也偏低。欧美全球系统重要性银行（G—SIBs）海外融资规模平均可达到总外源融资规模30%以上，高于中资大型银行海外融资比重5个多百分点。

究其原因，一是金融市场的对外开放水平还有待提升。对中资银行境外发行资本补充工具还存在一些不同认识，如认为境外发行资本补充债券会增加外债管理和外汇调控难度、高收益流向海外投资者等。二是我国银行业的国际化程度还有待提高。中资银行境外资本补充工具比较单一，主要是二级资本债，优先股局限于在香港上市的银行，缺乏永续债等其他一级资本补充工具。

二、推进商业银行境外发行永续债既必要也可行

在当前金融环境下，鼓励商业银行赴境外发行永续债十分必要。一是可以缓解对国内市场流动性冲击。商业银行永续债等资本工具发行量大，全部在境内发行会吸收巨额的流动性，不利于国内债券和资本市场的发展，而国际市场容量大，流动性充足，能更好地满足国内银行补充资本的需求。依据2018年底数据静态测算，商业银行整体其他一级资本充足率为0.55%，如果全部通过发行永续债达到其他一级资本充足率1%的合意水平，发行规模大约6000多亿元。若考虑银行资产动态增长以及未来大型银行满

足总损失吸收能力（TLAC）要求，银行永续债未来发行规模将超过万亿级别，如持续发行，境内市场恐难以承受。二是分散国内银行体系风险。目前国内银行发行的永续债等资本工具在银行间市场发行，国内投资者结构比较单一，绝大多数被同业持有，虽然提高了单家银行的资本充足率，但银行体系整体的清偿力并未增强，风险未有效分散。境内保险、券商、社保基金和年金等非银投资者尚在培育中。鼓励银行境外发行资本工具，使投资者更加多元化，有利于分散国内银行风险。三是利用国际市场低利率环境降低银行融资成本。截至 2019 年 2 月末，全球主要经济体均处于低利率状态，美国、德国、日本的 10 年期国债收益率分别为 2.73%、0.15% 和 -0.019%，远低于其 2000—2015 年期间同期限的平均收益率水平（分别达 3.61%、1.14% 和 3.22%）。四是促进大型银行国际化战略的实施。商业银行境外发行资本补充工具，不仅能增强资产负债管理的灵活性，降低综合财务成本和汇率波动风险，还有利于提升全球投资者认知度和国际影响力，更好拓展海外业务。

与此同时，中资银行境外发行永续债等资本工具也有较强的可行性。主要是国际市场需求较为充分。一些资源富裕的国家如卡塔尔等，有大量资金要进行海外投资，且偏向投资固定收益的金融产品。受量化宽松政策影响，欧元利率和日元利率较低、贬值预期强，欧元、日元资金寻求相对高收益的金融投资。我国金融市场开放度日益提高，商业银行信用评级较高，中资银行境外发行的永续债等资本工具对他们来说是较理想的投资选择。

三、大力支持银行境外发行永续债

（一）科学做好发行规划和管理。引导中资银行充分利用境外低利率市场环境，增加海外长久期债券发行，以确保长期稳定的资金来源，降低期限错配风险。与此同时，优化债券计价币种，使其能够更好地匹配资产的运用。逐步提高永续债等新型资本工具发行的计划性和前瞻性，尊重市场规律，完善发行档期，控制发行节奏。注重投资者关系的维护与拓展，建立动态的投资者教育机制，增强信息披露透明度，促进国际市场对于中国经济基本面与银行业的合理认识与充分理解，树立中资银行业的良好形象。

（二）优化银行境外发债管理。建议制定全口径跨境融资宏观审慎管理操作指引，进一步完善银行境外发行永续债等资本工具的相关制度，优化备案和审批流程，利用全球市场进行融资。同时，取消银行融入外汇资金结汇使用的审批制度，打通境外资金回流机制，将境外发行永续债等资本工具筹集资金的使用自主权交给银行，既允许银行将筹集资金不结汇，用于支持“一带一路”等海外业务发展，也鼓励银行根据形势需要将资金调回国内使用，以平衡跨境资本流动，更好保持人民币汇率稳定。

（三）给予配套政策支持提高对境外投资者吸引力。一是酌情调整资本工具合格标准，适度增加资本监管政策弹性，对境外发行的权益类永续债可不设置持续经营触发条件，降低境外投资者风险溢价。二是豁免境外投资者代扣代缴所得税，以降低永续债发行成本，提高对境外投资者吸引力，促进我国银行业公平参与国际竞争。

市场定位不清、监管针对性不强制约民营银行发展活力

——发展民营银行和社区银行研究之一

宋立　袁鹰

发展民营银行是改革优化银行体系结构、深化金融供给侧结构性改革、缓解企业融资难融资贵的重要举措。中央经济工作会议和《政府工作报告》明确提出要发展民营银行。有关人士反映，民营银行常态化发展虽提了多年，但新设民营银行仍较缓慢，已有民营银行出现分化。除少数互联网银行外，多数民营银行经营缺乏特色、活力有待进一步激发。为深入了解相关情况，我们调研了首批试点的民营银行，以及业绩突出的城商行。总体来看，民营银行发展平稳、风险基本可控，在服务小微企业等方面作出了积极探索，但也存在市场定位不清、差异化特色不够鲜明等问题。要发挥好民营银行作用、真正实现常态化发展，需要对民营银行的定位、监管和相关政策等进行系统总结和完善，对民营银行经营行为进行必要规范。

一、民营银行常态化设立相对滞缓，发展分化较为明显

目前全国共有17家民营银行，2017年仅新设梅州客商银行一家，2018年没有新设民营银行。从总体看，民营银行规模扩张速度较快，营收净利普遍增长，不良率较低。2018年共有15家银行实现盈利，资本利润率8.03%，资产利润率0.91%，不良贷款率0.53%，资本充足率16.55%，拨备覆盖率671.84%，均优于商业银行平均水平。

但也要看到，现有民营银行在经营模式和业务绩效方面，出现了比较明显的分化。从经营模式看，现有民营银行主要分为三类：一是互联网银行。以微众银行、网商银行等为代表，属“头部”民营银行，主要依托大股东强大的互联网及大数据优势提供联合贷款等金融服务，业务发展较快。二是产融结合银行。主要有华瑞银行、众邦银行等。股东基本是知名实体企业，注重科技赋能，主要围绕股东特色行业，服务自贸区、经济开发区内企业和开展线上融资等进行业务创新。三是独立经营的地方银行。这类银行股东影响力不大，较为独立地开展金融服务业务，服务范围主要集中在当地。从经营业绩看，17家银行利润合计中，微众银行、网商银行占比近7成，还有8家银行单家盈利不足1亿元，2家银行仍未实现扭亏。大多新设立的民营银行面临吸储能力弱、业务结构单一、信用等级较低、客户基础薄弱等问题。

二、定位不明确、治理不完善导致发展活力不足

（一）部分民营银行市场定位不清、经营特色不鲜明。发展

民营银行的初衷是扩大民间资本投资渠道，通过设立民营产权、特色定位的银行，引入差异化的竞争机制和业务模式，与现有商业银行实现互补发展、错位竞争。从调研情况看，民营银行大多定位为服务“小微、三农和社区”，与大部分城商行、农村商业银行定位趋同，同质化竞争明显，但在服务小微方面与一些城商行相比反而处于后发劣势。部分民营银行甚至偏离初衷，热衷于“垒大户”，而泰隆银行、台州银行等城商行，长期坚持小而专的市场定位，反而形成了一般民营银行无法比拟的优势。

实际上，民营银行并非监管分类，而是按照所有制类型的称谓，实践中将民营银行纳入城商行序列进行监管。为了鼓励民营银行差异化经营，又在经营区域布局、业务种类、发起人资质条件等方面，施加了不同于一般城商行的限制，如要求业务限于传统的存、贷、汇等基本业务，实行“一行一店”、不跨区经营，似乎又把民营银行定位为社区银行。说明政策设计上对民营银行的发展定位缺乏整体考虑，又没有与时俱进及时调整，以致有些限制性措施与民营银行的实际发展需要不尽符合，也制约了民营银行的多样化发展。

（二）部分民营银行公司治理不完善、内控机制不健全。目前多数民营银行经营时间较短，还未经历完整的经济周期，风险尚未完全暴露，其公司治理、风控体系还有待市场检验。调研发现的突出问题主要有：一是“三会一层”架构不完善，董事会、监事会管理不规范，特别是监事会独立性不足、职责不全面。部分民营银行董事会对经营设定较片面，追求短期盈利目标。二是大股东行为缺乏约束机制。三是金融控股集团的子公司之间缺少“防火墙”机制。部分民营银行主要股东拥有多张金融牌照，实际上已经形成金融控股的管理模式，各个业务板块（子公司）之间资源共享、业务融合、人员互通、底层的业务和管理IT系统共用，存在较大风险隐患。

三、监管差异化不足制约民营银行体制优势发挥

（一）相关政策和监管框架的针对性欠缺。一是“一行一店”要求限制了非互联网类民营银行发展。“一行一店”模式本意是限制新设民营银行跨区经营，引导其扎根当地、控制风险。但对于非互联网民营银行来说，“一行一店”模式限制了服务半径和客户群体，并给账户开立、客户面签、业务申请、贷款发放、贷后管理等操作带来诸多不便，严重制约业务拓展。二是设立门槛过高。目前民营银行最低注册资本要求为20亿元，远高于《商业银行法》有关最低注册资本要求。三是业务范围较为局限。目前试点民营银行业务范围主要是存、贷、汇等基本业务，既没有取得理财资质也不能代销理财业务产品。民营银行吸收一般性存款比较困难，没有衍生产品交易业务资格，也无法参照其他同业发行结构性存款。没有基金托管资格，无法获得部分重点客户提供的基金托管业务支持。

（二）股东资质要求过于严格。根据相关规定，民营银行的发起人应为“纯民资、纯中资”，即民营银行发起人应全部为民间资本，发起企业的主要股东、控股股东或实际控制人应为境内中国公民且不得持有绿卡。发起人单一股东及其关联企业持股比例原则上不超过30%。对民营经济较发达的地区，优先选择单家企业净资产不低于100亿元，终极受益人和剩余风险承担者个人净资产不低于50亿元的民营企业作为民营银行的发起人。民营银行反映，对股东延伸监管是必要的，但“纯民资、纯中资”等要

求过于苛刻，既影响社会资本进入民营银行的积极性，也会影响现有股东增资扩股。

（三）对互联网银行的监管与互联网的发展趋势不尽适应。目前，民营银行管理制度主要基于线下业务设计，在一定意义上束缚了互联网银行的发展。一是远程开立Ⅰ类账户限制不利线上银行发展。目前线上银行没有线下营业网点，无法开立个人Ⅰ类账户或单位结算账户，仅能通过Ⅱ类账户提供服务。由于Ⅱ类户账户功能和额度存在限制，无法提供便捷的转账服务以及存取现金、票据等业务，客户黏性低，难以获得一般性存款资金沉淀，资金来源受限。二是无法“面签”存在法律风险。现有监管法规要求开展信贷业务需要与客户“面签”，而网商银行通过纯线上开展业务，无法做到“面签”。监管部门考虑到互联网银行展业的实际情况，没有强制要求“面签”制度。但目前有大量信访投诉监管部门没有执行“面签”制度，如监管部门因倒逼而严格执行相关规定，互联网银行将面临合规风险。三是互联网贷款快速发展存在较大市场风险。目前包括传统商业银行和无网点纯线上银行在内的不少银行，为客户提供互联网贷款或开展联合贷款，突破了机构和地域范围，涉及众多的参与机构，既对现有的属地管理和信贷政策形成冲击，又涉及合作机构之间的风险分担、金融消费者信息保护等问题，容易造成纠纷，给金融机构带来法律风险，同时对金融消费者权益造成伤害。

明确定位、完善政策、优化监管
激发民营银行应有活力

——发展民营银行和社区银行研究之二

宋立　袁鹰

打破民营银行“常态化”发展“难常态”的困境，关键在于准确确定民营银行定位，完善相关政策，实施差异化监管，对试点过程中的一些不合理限制措施进行“松绑”，使民营银行的体制机制优势等充分发挥出来。考虑到现阶段我国银行体系的现实状况，发展民营银行顾名思义应该是发展各类民营性质的商业银行，特别要重点发展民营社区银行、地方性银行、区域性银行和互联网银行，把互联网银行作为新的银行类型并实施特殊监管。

一、合理确定民营银行的市场定位与监管分类

从规范角度来看，不应继续根据所有制性质来划分银行类型，

民营银行也不应该作为一个专门而独特的商业银行类型来发展并监管，应该将民营性质的银行作为各类新设商业银行的主要发展方向。从各类商业银行的发展现状和市场结构看，鉴于国有银行和股份制商业银行数量已经不少，且银行发展有一个循序渐进、逐步成长的过程，应该把社区银行、地方性银行、区域性银行以及互联网银行等作为下一步民营银行发展的重点。

今后新设立的民营银行，既可以定位为区域性或地方性商业银行，依托股东供应链上下游资源或其他优势开展业务，伴随发展壮大适度跨区域经营；也可定位为社区银行，扎根当地、因地制宜为中小微企业、“三农”和社区居民服务，为创新创业活动提供更有针对性、更加便利的金融服务；还可定位为互联网银行，利用互联网平台优势，发挥业务办理的高效性、便捷性。要针对各类银行的业务特点和风险特征制定并实施差异化的监管政策，对同一类型的银行执行相同的监管标准。民营银行定位为哪个类型的银行，就按哪个类型的标准进行监管。如果随着业务发展，民营银行经营定位发生重大变化，也可向监管部门申请重新定位，并按新的定位适用相应的监管政策，促进各类银行错位竞争、差异化发展，更好服务实体经济。

二、健全差异化明显、针对性强的民营银行监管体系

（一）加快构建适应民营银行特点的差异化监管框架。一是建立“自上而下”与“自下而上”相结合的监管体制。对涉及全局性、风险底线的规则应加强中央金融管理部门层面的顶层设计，通过“负面清单”形式作出统一要求。而对于清单之外的，在权责对应的前提下，赋予民营银行注册地监管部门更多监管自主权，

鼓励地方结合实际探索差异化监管。二是配置合理的监管资源。针对不同类型民营银行的业务模式、风险状况合理配置监管资源，确保各类民营银行有人管、管得住。对民营地方性银行，可考虑以主监管员为核心形成专门的监管团队，提高监管的针对性；对民营社区银行，采取“人盯机构”的方式，实施贴身监管；对民营互联网银行，着力加强监管科技建设，提高监管的有效性。三是制定差异化监管政策。要完善民营银行监管评级，对民营银行的公司治理、内部控制以及风险管理水平进行科学评价，并以评价结果作为对民营银行的分类依据，适用相应类别的监管政策。对处于初创期的民营银行，给予一定的监管或监测指标容忍度，可对同业负债比例、存款偏离度、流动性匹配率、优质流动性充足率等指标设置一定的过渡期。四是实施有效的政策支持。运用定向降准等结构性货币政策工具，加强对民营银行的政策引导和激励约束。可适当加大对民营中小银行的定向降准力度，同时提高普惠金融领域定向降准的考核标准。

（二）公平对待民营银行的机构和业务准入。一是制定差异化的注册资本要求。对定位社区银行、地方性银行、互联网银行和区域性银行分别制定不同的最低注册资本要求，比如分别实行 1 亿元、5 亿元、10 亿元、20 亿元的最低注册资本要求。二是优化民营银行股东资质要求。建议允许非民营资本和境外资本适度投资入股。适当放宽发起人股东 30% 的股权比例限制，提高有实力的民营企业参与发起设立民营银行的积极性。同时，完善国家金融安全审查及审慎性监管措施，确保风险可控。三是推动放开“一行一店”限制政策尽快落地。支持民营银行根据定位和自身发展情况，一定范围内设立分支机构和服务网点。四是在相关业务准入上给予公平待遇。民营银行已处于常态化设立阶段，应有的业务资质标准还是应该坚持，民营银行在这方面不能寄望政策放松，而是应努力争取达到相应资格条件。监管部门也不能设置隐形门槛，要支持民营银行在遵守相关制度的前提下，根据自身定位和服务能力开展相关业务。五是加快民营银行资产证券化试点。目前已允许民营银行试点资产证券化等业务，一些民营银行也已基本完成前期准备工作，建议有关部门加快相关工作进度，优化工作流程，尽早开展试点，促进民营银行盘活存量资产，为增加小微企业信贷投放腾挪空间。

（三）完善公司治理和内控制度。一是加强对民营银行公司治理的督导。注重对民营银行股权结构的指导，明确主要股东“风险自担”的范围与内涵，强化股东行为监管，通过几个大股东共同分享控制权，形成管理层内部的相互制衡，使单一股东无法单独掌控民营银行运营决策。二是强化关联交易监管。加快机制建设，完善关联方名录，严格关联交易审批，严密防范不正当关联交易，杜绝利益输送行为。三是尽快建立金融控股集团的监管体系。协调加强对民营银行及其关联金融公司的监管，督促建立内部防火墙，防止金融控股集团不审慎经营引发风险并向民营银行传导。

（四）加快出台民营银行股权激励的相关管理办法。目前相关部门都支持实施员工股权激励，《关于深化民营银行相关改革试点的意见》已将股权激励作为试点内容，但具体措施一直迟迟未能出台。泰隆银行持股会的实践证明，管理层和员工持股，合理的股权激励具有多重积极意义，有利于吸引核心关键人才、完善公司治理结构、增强员工责任意识、保持银行团队执行力及稳定性。特别是在道德风险防范方面，员工持股可起到监督作用，能较大幅度降低道德风险，提升企业形象，最终实现股东、企业、员工和社会的多方共赢。建议加快出台民营银行股权激励的相关管理办法，将员工持股作为民营银行的常态化制度，支持开展员工股权激励计划，让民营银行更有活力、更富竞争力。

三、将互联网银行作为独立银行类型并实施特殊监管

互联网银行是我国银行业发展的特色和后发优势所在，可在统筹规划的基础上适当加快发展步伐。今后发展民营银行要把互联网银行作为重点之一加以推进。研究出台专门的互联网银行管理规制。互联网银行与传统银行毕竟存在比较大的差异，面对互联网银行发展对现有监管规则带来的挑战，应该在试点基础上，根据互联网银行的模式特点，研究建立针对性、适用性更强的制度体系，从市场准入、业务范围、账户开设、反洗钱、风险管理和消费者权益保护等方面进行全面规范，既鼓励互联网银行创新，提高服务质量和效率，同时加强对互联网银行的监管，兼顾效率、合规和安全，防范风险积聚并传染。

抓紧研究政策、先行开展试点 积极稳妥推动社区银行发展

——发展民营银行和社区银行研究之三

宋立　吴汉锋

发展社区银行是解决民营、小微企业和“三农”融资难题的重要举措，是构建多层次、广覆盖、有差异的银行体系，深化金融供给侧结构性改革的重要内容。中央经济工作会议和《政府工作报告》都明确提出要发展社区银行。要抓紧进行发展社区银行的顶层设计，研究发展思路和相关政策，制定总体规划与监管指引，年内在试点方面迈出实质性步伐，积极发展符合我国实际的社区银行体系。

一、加快发展社区银行，尽早补齐薄弱环节金融服务短板

（一）社区银行核心本质是扎根区域、服务本地企业和居民。社区银行概念源于美国，根据美国独立社区银行家协会（ICBA）定义，

社区银行是指在一定社区（区域）范围内按照市场化原则自主设立、自主运营、主要服务于中小企业和个人客户，资产规模在数千万美元至数十亿美元之间的中小银行。美国联邦存款保险公司（FDIC）确定社区银行的主要标准是资产规模10亿美元以下，但把资产规模在10亿美元以上、满足贷款和核心存款占资产比例分别高于33%和50%等条件的银行也列为社区银行。1985年，美国社区银行最多时达15000家，受大量的并购重组等影响，20世纪90年代中期以来数量逐年减少，目前约5000余家，占参加美国联邦存款保险体系银行机构的90%。每个州约有社区银行100家，每个县拥有社区银行1—2家，每十万人口拥有社区银行1.5家。

（二）发展社区银行是解决民营、小微企业和“三农”融资难题的迫切要求。为解决小微企业融资难的世界性难题，在国有银行体制改革和分支机构调整之后，我国相继发展了农合行、城商行、农商行以及村镇银行等地方性中小金融机构。由于定位不准、对经营地域和服务对象缺乏明确监管要求，一些城商行盲目追求规模，往大城市聚集，甚至向区域外大城市发展、以服务大企业为主。一些农商行偏离本源，不专注服务地方，吸收资金大量通过同业、投资等外流。农信社由于历史包袱等原因，发展不太理想。农合行、村镇银行受体制、发展模式等限制，服务小微、“三农”效果不佳。当前我国市场主体总量超过1亿户，有贷款余额小微企业户数（含小微企业主和个体工商户）不超过2000万户，贷款覆盖面仅为20%。每县平均拥有地方性中小银行业金融机构（不含村镇银行）0.8家，每十万人仅拥有0.17家。在深入推进供给侧结构性改革、加快培育新动能、把大众创业万众创新不断引向深入的背景下，迫切需要构建多层次、广覆盖、有差异的银行体系，特别要大力发展社区银行，加快补齐地方尤其是基层金融服务的机构短板。

二、发展社区银行的重点在于发展新型民营社区银行

目前，社会各界对发展社区银行高度认同，但对社区银行的概念认识不同。有的认为社区银行就是地方性法人银行业金融机构，有的认为社区银行是民营银行或者新设的法人银行，有的将大型银行的社区支行也纳入社区银行范畴。我们认为，社区银行应该是在一定地域范围内设立和运营，主要服务当地企业和居民的小型法人银行，包括未设立异地分支机构的农商行、农合行、农信社和新型社区银行。发展社区银行，一方面要加快“存量改造”，深化农商行、农合行、农信社等地方性中小金融机构改革，推动其回归本源、扎根当地、下沉重心。另一方面，更加重要的是“增量改革”，要发展体制更优、定位更明确、业务范围约束更严格，能够“门当户对”服务民营、小微和“三农”的新型社区银行。相对大中型银行的社区支行，新型社区银行属于独立法人机构。相对地方性民营银行，新型社区银行规模小、门槛低，且仅限特定区域。相对村镇银行，新型社区银行不设置“主发起行”制度，独立自主经营。相对农商行、农信社和农合行，新型社区银行不受行政化管理或其他经营限制困扰。

（一）合理确定新型社区银行定位。一是立足县域。新型社区银行经营范围限定为县和县级市为主，可在重要乡镇设立分支机构，下沉服务重心，专注民营、小微企业和“三农”领域，但不得跨区域经营，坚持机构不出县（区）、业务不跨县（区）。二是存贷为主。主要从事存款、贷款和结算等传统银行业务，严格限制综合化经营。合理控制同业拆借资金使用，严格限制资金

通过存放同业、投资等形式外流，防止成为县域资金外流的“抽水机”。严格限制从事高风险、复杂衍生品等表外和跨界业务，严禁盲目扩张、圈钱投机等偏离本源的行为。三是股权合理。采用适当分散的股权设计，单个投资主体及关联方持股比例不得超过30%，持股10%—30%、5%—10%、5%以下股东的持股比例保持总体均衡，既要防止“一股独大”导致偏离经营方向和滋生风险，也要防止股权过于分散导致“内部人控制”。四是治理有效。严格股东资质，股东以当地民营企业、社区居民为主，以便贴身监督。为提高社区银行公信力，国有企事业单位可投资入股，但不得成为前三位大股东，且不承担行政管理职能。治理结构和激励约束机制务必科学规范，董事长和董事必须承担更多的风险责任，可实行高管层股权激励和员工持股制度。

（二）实施差别化监管政策。一是强化支农支小监管引导。制定明确的贷款占资产比、可贷资金用于当地比例、小微和三农贷款占比等硬性考核要求，加强对支持民营、小微和“三农”效果监管评价和结果公开。二是稳妥开展审慎监管。合理配置充实基层监管资源，建立专业化的监管队伍。适应社区银行特点，采取“人盯机构”的贴身式监管模式。同时，适当简化监管标准，设置有针对性的监管指标和流程。三是强化相关风险防控。加强关联交易风险监管，严格限制单户贷款最高限额、股东贷款比例和关联企业贷款限额，防止社区银行成为大股东的“提款机”。加强流动性风险监管，督促保持合理充足的流动性缓冲。

（三）制定配套扶持政策。政策扶持是新型社区银行发展的重要条件。一是实施货币信贷倾斜政策。对新型社区银行实施优惠存款准备金率、再贷款和再贴现、发行专项金融债和定向中期借贷便利（TMLF）等政策倾斜，从低确定存款保险费率。二是制定财税优惠政策。实施一定期限的所得税减免，对贷款利息收入免征增值税。减征或免征监管费。完善涉农贷款增量奖励和定向费用补贴政策。完善风险分担补偿机制。三是强化资金来源等外部支持。鼓励地方财政资金存放社区银行。鼓励支持社区银行加入支付结算系统。引导金融科技公司以政府采购等方式提供信息科技系统外包支持。

三、加快新型社区银行发展规划编制和试点工作

发展新型社区银行，要认真总结地方性中小金融机构的经验教训，做好顶层设计，促进社区银行规范起步、稳健发展，确保风险可防控、商业可持续。

（一）及早研究制定新型社区银行发展规划和监管指引。建议由金融委办公室协调，人民银行和银保监会牵头，有关部门参加，研究提出社区银行发展的总体思路，明确市场定位、准入条件、监管政策、扶持政策等要求，在此基础上研究制定全国性的社区银行总体发展规划，同时研究制定社区银行的监管指引，指导各地社区银行设立及试点工作。

（二）新型社区银行试点工作应及早取得实质性进展。按照试点先行、逐步推开原则，积极稳妥推进新设社区银行试点工作。建议银保监会会同有关部门抓紧制定新设社区银行试点方案，在东部、中部、西部、东北四个地区各选择 2—3 个县市，分别开展社区银行的新设和改设试点工作，改设可以选择在小贷公司或村镇银行等基础上进行。试点中应加强跟踪协调指导，加强试点的事前辅导、论证和会商，引导科学制定可行性研究报告和筹建方案，发现问题及时研究解决。

发展民营银行和社区银行需要解决好几个重要共性问题

——发展民营银行和社区银行研究之四

宋立　袁鹰　吴汉锋

民营银行和社区银行各有其规律，发展过程中面临的问题和挑战可能也不尽相同，但从深层次看，存在一些重要共性问题需要解决。特别是民营银行和社区银行的投资者制度、发展经营模式以及与其他地方性商业银行的关系等，都需要结合试点经验加以明确，或在试点过程中进行探索。

一、合理设计投资者制度，吸引良好投资者参控股民营银行和社区银行

发展民营银行和社区银行，首先需要解决好投资者制度问题。民营银行的“纯民资、纯中资”要求，实际上对民营银行发展形

成了一定的限制。近期，一些银行出现了投资者抛售股权现象，也在一定程度上反映了银行投资者制度面临的问题。受银行业发展分化和股东自身财务恶化、村镇银行经营未达预期、非金融企业投资金融机构清理等多种因素影响，中小银行股权转让现象增多。吸引民营资本参股，推动民营银行常态化发展和社区银行设立，要实行“宽进严管”的政策，“该管的管好、该放的放开”，构建“有进有出”股权投资队伍。特别需要把握好三个关键，一要畅通股权进入渠道，统一准入尺度，根据财务性投资、战略性投资或者持股比例，对股东设定不同的资质门槛。二要强化股东行为监管，完善和创新监管方式，加强事中事后监管，严格公司治理，规范关联交易，防止滥用控制权。特别要按照实质重于形式原则加强穿透式监管，严防以“抽屉协议”“阴阳合同”等隐蔽资本运作手段规避监管，把银行当成大股东“提款机”。三要规范股权退出方式，严格执行控股股东、战略性投资股东、财务性投资股东的股权锁定期要求，严禁股东以股权质押形式，违规变相转移股权，防止“空手套白狼”。四要完善银行接管、兼并重组、破产退出制度，构建“有生有死”、富有活力的银行机构体系。

处理好非金融企业投资银行“两参或一控”问题。从长期看，通过已有银行投资新设银行的方法，难以解决设立银行的出资人短缺问题，必须也只能吸引非金融机构和个人投资参与或控股新设立的银行。出于审慎监管的需要，对非金融企业投资入股商业银行进行必要的数量限制，是有一定合理性的。为此，监管部门制定了“两参或一控”规定，即一家机构作为主要股东（持有5%以上股权）最多只能参股两家银行，或控股一家银行。实际上，当前不少非金融企业投资银行数量已突破了这一规定。从实践看，目前股权市场接盘者相对有限，一般工商企业投资银行股权需要使用自有资金，且限制较多，加上银行板块估值较低，对市场投资主体吸引力下降。如果严格执行“两参或一控”、对投资者进行数量限制，既不利于银行补充资本，也不利于社会资本进入银行。鉴此，对社会资本投资民营银行和社区银行，可考虑适当突破，允许一家机构持有或控制 10% 以上股份或表决权的银行数量不超过两家，或控股商业银行的数量不得超过一家，但对投资持股 10% 以下，且没有重大影响的商业银行数量不作限制。

二、审慎确立经营模式，推动民营银行和社区银行持续稳健发展

设立民营银行和新型社区银行，是选择具有投资经验的“老手”股东，还是选择没有经验的“新手”股东？也是摆在民营银行和社区银行面前的现实问题。鉴于银行运营的专业性和复杂性，为了增强民营银行和新型社区银行信誉度，降低民间资本“外行领导内行”的经营风险，避免新设银行沦为非金融企业投资银行的试验田，同时解决初创银行独立建立后台技术支撑体系的难题，降低新设银行进入门槛，最好选择有一定比例经验丰富的“老手”股东。但为了避免民营银行和社区银行成为村镇银行的翻版，可考虑让具有优良小微企业金融服务经验的银行或其股东单位，在不控股的前提下，通过某种方式提供管理服务和后台技术支撑。

具体实践中有两种模式可供选择。一是允许现有银行入股新设银行，但规定其不作为第一大股东、主发起行也不承担行政管理职能，避免成为村镇银行的“复制品”，要求其在承担一般股东责任的基础上，为社区银行提供公允收费的技术支持服务。与此相适应，需要设立银行控股公司，使其以控股公司形式参与新

银行创设。同时，监管部门需要研究制定银行控股公司管理办法和相应监管制度，为控股公司发展提供相关规范。二是探索借鉴澳大利亚本迪戈社区银行商业特许经营模式，允许现有银行在不投资入股新设银行的情况下，通过设立特许经营或信贷联盟机构，为新设银行提供品牌、产品和服务、管理经营、支付结算、风险控制等中后台系统和业务技术输出支持，合理收取特许经营使用权费用，降低新设银行技术门槛和运营成本。为此，需要设立专业化的银行管理公司，专门输出管理服务。同时，需要监管部门研究制定银行管理公司办法和相应监管制度，为管理公司发展提供相关规范。

三、精心确定银行发展定位，实现民营银行和社区银行与其他地方性商业银行错位发展

发展民营银行和社区银行，除了考虑自身的特点之外，还要放到构建多层次、广覆盖、有差异银行体系的大背景中去认识和定位。在确定民营银行和社区银行市场定位和服务对象时，特别要注意与已有城商行、农商行、农信社等错位发展。为此，一方面需要对现有银行分类进行重新界定，另一方面需要对构建多层次、广覆盖、有差异银行体系进行顶层设计，这既是发展民营银行和社区银行的现实需要，也是深化金融供给侧结构性改革的必然要求。

重新研究商业银行分类。目前我国银行机构分类是在历史发展过程中形成的，具有较深时代烙印，并没有明确统一的标准，既有按照所有制类型划分的，也有按照经营区域划分的，还有按照业务经营性质划分的。改革完善的总体思路是淡化所有制色彩，按照经营地域和业务特点进行划分。可考虑分为大型商业银行、

全国性商业银行、区域性商业银行、地方性商业银行、社区银行和特殊类型的互联网银行。大型银行主要就是现有的6家国有大型银行；全国性商业银行主要包括股份制商业银行和在全国主要城市设立网点的城商行；区域性银行是指跨省经营的商业银行，目前主要是跨省经营的城商行和个别农商行；地方性银行主要是省内经营的城商行和农商行。社区银行主要在县域和市辖区经营的法人银行，既包括部分现有的农商行、农合行、农信社、村镇银行等，也包括新型民营社区银行。这种分类充分考虑了商业银行现状和发展趋势，简单明了，既便于社会公众理解，也便于差异化监管，有利于民营银行和社区银行发展、各种类型银行公平竞争。除地方性银行和社区银行外，以上银行之间存在升降级关系，下一级银行发展得好，可以申请上一级牌照，在更大范围内展业；如发展不理想，难以满足现有类型监管标准，就必须降级，相应缩小展业范围。

*研究制定银行业体系结构改革调整规划或金融供给侧结构性改革总体方案。*为了从金融体系结构上对发展民营银行和社区银行进行宏观把握，建议研究制定银行体系结构改革调整规划，对银行业总体发展、体系结构优化、不同类型银行发展定位以及相关支持政策等进行整体设计，以便使民营银行和社区银行发展有“规”可依，更好构建多层次、广覆盖、有差异的银行机构体系。同时，研究制定金融供给侧结构性改革总体方案，对金融体系结构改革优化进行总体设计，对银行保险、证券期货等行业发展进行总体规划，为发展民营银行和社区银行提供宏观环境参照和体系结构依据。

从包商银行事件看
非银机构流动性困难防范化解

冯晓岚

包商银行被依法接管事件，打破了同业市场刚性兑付，降低了银行的风险偏好，一度引发同业信用收缩和流动性传导阻滞。在有关部门及时干预下，金融机构平稳跨过季末时点，但市场信心仍较脆弱，担心其他高风险机构集中连续出险带来二次冲击。为此，我们对城商行、证券公司、券商资管公司等金融机构进行了调研。据反映，这次源起于银行的流动性困难，对处于流动性传导链下游的非银行金融机构（以下简称“非银机构”）影响较大。总结本次事件教训，研究完善相关机制，十分必要。

一、流动性传导链阻滞是非银机构流动性骤然困难的直接原因

我国商业银行按规模分为大型银行和中小银行。大型银行有国家信用隐形背书，吸收存款能力强，是同业市场上的资金融出方。

中小银行吸收存款能力较弱，结汇和合格抵押物方面也不占优势，经常需要从大银行融入资金。非银机构不能吸收居民存款，高度依赖银行等同业机构提供资金。上述机构形成了流动性传导链条（见下图），最终向企业输送流动性，每个节点也是管控流动性的一道闸门。

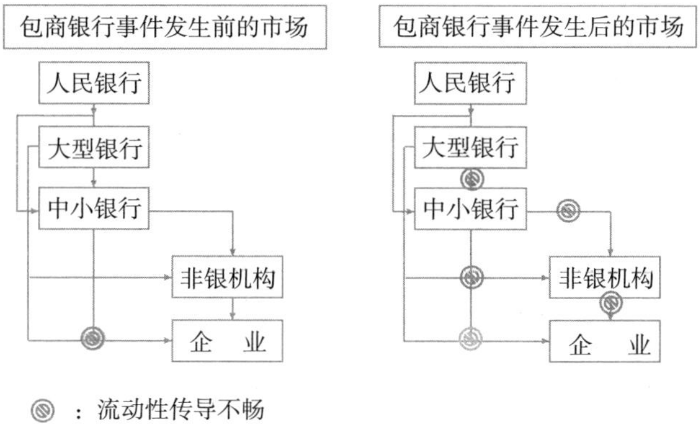

包商银行事件前后的流动性传导链条对比图

上述链条是我国现阶段企业融资成本的形成过程，有助于解释在资金总量充裕的情况下，部分机构发生流动性困难的原因。经济形势好、风险事件少时，资金沿着链条正常流动，虽然伴随层层加码、价格逐步上升，但下游方能够接受。包商银行事件发生后，商业银行出于预防性需求倾向于持币在手，提高质押物标准、不再续作同业借款，客观上阻滞了流动性传导。中小银行能吸收存款，也有人民银行的支持，流动性暂时无虞。而“造血”能力较弱的非银机构，集中发生流动性困难在所难免。一方面从银行融资难度增加。多数银行都对交易对手作出严格限定，并将可质押债券种类缩小到利率债、3A 级国企债的狭小范围，限制了非银机构融资。另一方面从其他非银机构融资不易。恐慌情绪造成非银机构之间信任度下降，争相建立“白名单”，将较低评级的交易对手排除在外；对其他交易对手提高质押品标准，大幅下调打折比例。受此影响，部分非银机构短期内流动性异常困难，交易违约数量上升。

在监管部门协调下，大型证券公司向中小非银机构提供短期流动性支持以帮助缓解困难。不同机构对此看法迥异。某行业排名靠前的证券公司表示，一些非银机构风险定价能力弱，结构化融资业务过于激进，交易链条复杂，可能潜藏利益输送，救助这些机构存在道德风险。有的中小非银机构则表示，它们是服务中小企业直接融资的重要力量，持有大量企业债特别是民企债，信用等级不如国企债，主要靠同业融资。这次是突发事件引发恐慌、资金链被切断造成的流动性困难，并不是非银机构本身出现问题的清偿性风险，大证券公司的短期融资是“救命钱”。经过这次冲击，机构对中低等级企业债的持有意愿会大幅下降，民营企业直接融资的难度可能会有所加大。

二、高度依赖同业资金是非银机构流动性困难的根本原因

与银行相比，证券公司、基金公司等非银机构体量小、数量多，特别是中小非银机构具有轻资本、重交易的特点，高度依赖同业资金，通过滚动融资满足兑付需求，一旦遭遇同业市场较大波动，容易发生流动性困难。原因主要有以下几方面。

（一）融资渠道比较有限。一是非银机构不能吸收居民存款作为主要资金来源。二是银行间市场对质押品的要求较高，非银机构持有的大部分质押品不满足要求，融资能力有限。三是交易所市场的资金融出方多为基金、散户等，来源不稳定且利率波动

较大。四是大型银行出于规模回报、监管指标等考虑，一般不太愿意向中小非银机构融出资金，券商资管等产品户也不能和银行机构户直接对接。在此情况下，同业负债成为非银机构的重要资金来源，中小银行成为中小非银机构的主要交易对手。

（二）同业融资存在脆弱性。同业业务原本是调剂短期头寸的手段，但一些非银机构将其作为长期资金来源，容易形成期限错配，增加机构自身的脆弱性。包商银行事件后，同业信用迅速收缩，不少非银机构资金“断供”。大型非银机构自有资金多，也能自主发债，母公司实力强的非银机构可由股东出钱支持或担保融资，但大多数中小非银机构风险抵御能力较弱，必须自筹资金“过关”，融资难甚于融资贵。即使以低折扣、高利率找到资金，但融资期限一般较短。如果没有新的资金接续，一样面临违约风险。

（三）部分机构经营激进。问题突出的往往是经营激进的非银机构。近年来，经济下行压力使市场上优质资产减少、投资回报率降低，非银机构资产端收益率有所下降，有时甚至低于负债端资金成本，形成“倒挂”。为提高收益，一些非银机构不惜加杠杆、加久期、加风险，依靠不断滚动质押、借新还旧来维持，进一步加剧资金期限错配，难以经受同业市场短期流动性困难的冲击。

三、标本兼治防范化解非银机构流动性风险

2016年底，非银机构也曾遭遇流动性困难，后来在有关部门窗口指导下得以缓解。和那时相比，现在不少非银机构所持债券的底层资产质量下降，反映到交易层面是中低等级债券乏人问津，反映到风控层面是机构对流动性风险预见不足。目前的窗口指导

是短期“治标”之计，给机构留下自我整改的时间；同时修复流动性传导链条，防止救助措施撤除后流动性困难“再现”。要抓紧探索实施结构性改革等“治本”之策，引导非银机构提高风险定价能力。为此，有以下建议。

一是窗口指导需延续一段时间。不少非银机构表示，这次信用收缩过程太急、太快，哪怕延长一个月、两个月，多数机构都有腾挪余地来调整资产负债结构，流动性状况“只要不恶化、市场就能消化”。建议密切监测非银机构流动性风险，不宜过快结束窗口指导；避免短期内出现银行被接管、城投债违约等新的风险事件，动摇市场信心。

二是修复信用体系和流动性传导链条。包商银行事件将推动同业存单重新定价，要借机引导同业市场回归头寸调剂的功能定位，修复市场信用体系。在此基础上，拓宽非银机构融资渠道，可研究扩大公开市场一级交易商范围，以国务院特批形式将一些信用好、实力强的证券公司、保险公司等非银机构纳入交易商名单；研究非银机构产品户和银行对接融资需求的有效方式；改进银行对交易对手的“名单制”管理方法等。

三是引导非银机构提高风险定价能力。流动性困难暂时缓解并不代表高枕无忧。如果风险定价能力弱、结构化融资业务粗放等问题得不到解决，非银机构流动性困难很可能再次出现。要引导非银机构加强风险定价能力建设，提高风控人员专业素质，加强对底层资产的尽职调查，对高风险资产重新评级定价。

四是坚定推进金融体系“去杠杆”。有机构反映，金融体系“去杠杆”不彻底，部分机构违反“有多大本钱就做多大生意”的原则，是产生流动性风险的根本原因。不论从防范系统性金融风险的角度，还是从严肃市场纪律的角度，都要坚定推进金融体系“去杠杆”。

建议对中小银行、非银机构的资金运用加强监测，对金融机构风险及时提示预警，遏制过快扩张资产负债表、过度依赖高杠杆的经营行为。

五是推进高风险金融机构市场出清和资产变现。已有一些高风险的私募基金、理财公司退出市场，未来还会有类似机构出清，需要尽快将其资产处置变现，保障债权人和投资人利益。由于处置资产特别是非标准化债权资产难度大、时间长，建议发挥金融资产管理公司、纾困基金的专业优势，在资金成本方面给予一定鼓励政策，支持其参与高风险金融机构的资产处置。

针对企业债券违约常态化状况
抓紧健全债券违约防范处置长效机制

宋立　王若阳　宋宝云

今年以来，企业债券违约呈增多态势。一季度违约债券 59 只，是去年同期的近 4 倍，涉及金额 353.94 亿元，是去年同期的 2.5 倍。其中，涉及违约主体 24 家，除一家央企外均为民营企业。尤其是 3 月违约规模为 189.7 亿元，是 2 月份的 3 倍。4—5 月将有更多信用债到期，违约风险将持续暴露，不仅会加大资本市场波动，挫伤投资者对民营企业债券的信心，也有可能对债券市场开放造成一定负面影响。对此，需及时做好违约风险防控和违约后处置工作，同时抓紧建立健全事中、事后、事前三道违约防范处置机制。

一、客观认识、理性看待企业债券违约常态化现象

信用违约是全球债券市场普遍存在的现象。当前我国企业债

券违约增多，既是经济周期下行时的正常反应，也是多年来努力打破“刚性兑付”的必然结果，标志着我国债券市场进入了信用违约常态化的新阶段。从国际经验看，不少经济体债券市场发展过程中都经历了信用违约“从无到有”的变化，日本和韩国在20世纪某个特定阶段打破了“零违约”记录，企业债券违约成为资本市场的常态化现象。

今年我国企业债券违约可以说是去年的延续，主要在于企业自身主业不强、盈利情况不佳，特别是前几年大规模加杠杆埋下了财务成本较高、风险管控不严、债务结构不合理等一系列风险隐患。在经济下行压力加大、金融监管趋严的宏观环境下，债券违约概率增大。同时，由于“潘多拉盒子”已经打开，企业对债券违约不像过去那么忌讳，今年以来一些企业出现了“主动扎堆违约”现象。

对此，既要高度重视，又要客观理性对待，从解决民企融资难、融资贵的高度，及时稳妥应对。针对违约增多状况，要抓紧处置存量违约、着力防控增量违约。当务之急是做好违约后处置，防止风险扩大化。同时，要及时排查违约苗头，督促企业按时足额做好债券兑付，尽量避免违约新发。长远看，要适应债券市场发展进入新阶段、信用违约常态化的现实，抓紧推动相关制度“补短板”、加快构建长效机制。

二、稳妥进行违约处置，做好风险隔离和损失管理

对已发生的信用违约，要做好救助与处置，同时抓紧建立市场化、法治化的债券违约处置机制。

一要引导违约企业自我救助。国有企业债券违约之所以比较

少，一个重要原因是企业内部纵向救助比较有效。即将违约或已经违约的企业，要珍视自身声誉，主动变卖资产或对接专业处置公司进行债务重组。实际控制人也要从维护集团声誉出发，积极主动进行道义救助。如果母公司存在违规从发行人处抽逃资金情况，必须要求母公司退回抽逃资金，并引导其进行补偿性救助，防止实际控制人利用子公司逃避债务。

二是推动债券违约分类处置。要加快构建以自主协商为主、行政执法为辅、司法救济为保障的债券违约分类处置机制，最大限度减少债券违约对经济金融稳定的冲击。对基本面尚可、生产经营正常且不属于产能过剩行业的企业，鼓励债权、债务双方协商提出解决方案，优先制定重整程序，谨慎启动司法程序，防止债券违约风险向信贷市场传导。对债务人转移资产、虚构财务信息等损害债权人利益的行为，要加大打击力度，提高损害债权人利益的成本。发展专门进行违约债券处置的投资基金，鼓励资产管理公司、公募、私募基金等各类金融机构参与违约债券处置，对不良资产进行剥离重组。

三是充分发挥担保增信机构的风险分担作用。只有让担保、增信机构切实履行先行赔付责任，才能使其有内生动力客观全面开展评估、提供差异化担保增信措施，不过度担保、增信。金融管理部门要加强对担保增信机构的监管，严格并规范担保、增信机构行业准入，加强对担保、增信机构履职尽责的监督管理。在发行人出现违约时，监督担保、增信机构切实承担责任，依约先行赔付，不得拒付、延付、少付。

四是完善违约债券转让市场。当前我国违约债券处置周期长、难度大，债券持有人变现难。虽然已初步建立了违约债券转让市场，一些违约债券也已成功交易，但该市场参与者较少、作用受限。

在债券违约规模不断扩大、持有人诉求多元化情况下，要推动市场参与主体多元化发展，提高违约债券的流动性，实现违约债券平稳兑付。要鼓励证券交易所、金融资产交易所等为违约债券的拍卖和挂牌转让提供交易场所，同时鼓励持有者通过私下协商等方式进行转让。

三、加强事中监测预警和风险提示，及早防范违约增量

在处置存量违约的同时，要抓紧推动事中监管长效机制建设，着力防控违约增量。

一是引导发债企业做好偿债计划、保障按时足额兑付。发行人应至少在债券到期或回售日三个月前明确偿债资金来源，并报送详细的偿债资金安排报告；按规定或约定完成债券付息、回售与兑付，避免发生实质违约或技术性违约。

二是强化风险提示与监测预警机制。主承销商、评级机构、受托管理人等，都要切实承担起对债券违约的风险提示责任，建议按季度做好风险跟踪分析并报送监管机构。在债券到期或回售日三个月前，对发行人偿债资金报告的可行性进行现场核查并报送相关报告，提前一个月锁定违约债券并提示违约风险。监管机构要做好违约风险信息集中统一公示发布。交易场所要加强债券日常监测，做好违约风险提示。

三是完善债券受托管理制度，发挥好债券持有人会议制度作用。鼓励承销商以外的第三方独立中介机构担任受托管理人，强化受托管理人在债券存续期对发行人的监督职责，强化重大事项的信息披露责任。降低债券持有人会议的召开门槛，鼓励采取非现场等多种灵活方式召开持有人会议，发挥好债券持有人会议对

发行人的监督作用。同时，推动信用风险缓释工具功能落地，更好支持民营企业债券融资。

四、加快补齐事前监管短板，尽量做到防患未然

一是强化承销等机构责任，把好发债入口关。承销机构应加强对债券发行人的尽职调查，全面、准确、真实披露发行人信息，将存在风险隐患的发行者拒之门外。要尽快修改完善《债券投资者保护条款范例》，细化交叉违约条款、财务指标承诺约束、事前审议约束等，强化对发行人的制约。

二是加强信用评级机构监管。规范信用评级行业发展，增强评级市场有效竞争，推广投资者付费评级模式，加快形成真正反映债券市场质量结构的差异化评级格局，提升信用评级的准确性。当前要严厉打击评级机构变相“收费定评级”的行为，通过规范严格评级，甄别潜在违约者。

三是加强并改进债券监管。当前企业债券监管中存在的问题，部分源于监管分割和监管竞争。要加强企业债券的集中统一监管。特别要强化对违约债券的发行全过程复查，发现违规问题严肃追责。对违约失信人和承销机构实施分类分级的市场禁入。将《政府工作报告》关于“让违法者承担付不起的代价”的要求，率先在债券发行领域试点落实，对直接责任人试行数十倍的处罚，用罚款补偿投资者合法损失，用重罚强化市场规则。

四是完善债券违约处置的法律法规。加强顶层设计，建立债券兑付展期、重组、破产清算等违约处置机制与相关法律法规，加强对债券发行人、承销商、托管人的法律约束，强化相关主体、

相关环节的法律责任。清算机构、托管机构等，要加快制定违约债券交易和处置的相应清算制度，使违约债券能够按既定程序进行处置。

高度重视当前我国保险业运行中的突出风险

党小卉　王卫华

近些年，我国保险业发展总体稳中向好，资产规模稳步增长，风险保障水平快速提升，保险科技广泛应用，综合实力明显提高。但受国内外经济金融形势变化、市场竞争加剧等因素影响，保险业运行中的一些潜在风险正在逐步显现，有关部门应予以高度重视。

一、当前保险业运行中面临的突出风险

今年以来，国内经济下行压力加大，居民可支配收入增速明显下降，叠加金融监管环境趋紧，以及区块链、大数据、人工智能等新一轮信息技术变革对传统行业的影响，保险业"承保端"面临以下风险。

（一）寿险、产险头部效应明显，行业中小企业运行困难。

在寿险方面，2019 年上半年老六家（中国人寿、平安寿险、太保寿险、新华保险、泰康人寿、太平人寿）总保费市场份额为 56%，利润占全行业比例高达 87%。中小寿险公司在外部竞争和内部经营双重压力下面临转型难、生存难问题，主要业务渠道人均产能下滑，人力规模增速放缓，银邮代理渠道销售产品难度较大。在产险方面，2019 年上半年老三家（人保财险、平安财险、太保财险）以 65% 的市场份额获得行业 93% 的利润，其中人保财险以 35% 的市场份额获得行业 49% 的利润，而中小财险公司深陷规模导向下产品同质化的困境，固定成本无法消化，赔付率与费用率双重承压，承保业务往往以亏损居多。

（二）中小寿险公司面临债务兑付高峰，流动性风险加剧。2012 年底保险业 12 条投资新政推出以来，我国金融监管有所放松，出现部分中小保险公司以万能险为载体，通过银保渠道、高负债成本提升市场份额，并将募集资金投入股票或房地产市场，此类产品保险期限普遍为 3—5 年。2016 年底以来，保监会出台监管政策，限制中短存续期产品。由于中小保险公司缺乏销售渠道，又无法获取其他替代性业务，每年面临较大规模的现金流出，叠加“短钱长配”激进经营的影响，中小公司流动性风险加剧。

（三）大型寿险公司面临产品定价风险、利率风险。近些年，健康险尤其是长期重疾险保费快速增长，但各大寿险公司产品结构的趋同性，加剧重疾保险产品的市场角逐，极易引发产品定价的恶性竞争。与此同时，主流重疾保险产品均设计成终身型，且预定利率水平基本为 3.5%，负债期不得不拖长，多为 15 年以上。当前健康险的“长钱短配”是大型寿险公司面临的主要风险，2022 年新会计准则 IFRS17 对保险负债将采取更加市场化的计量测算，而当前及未来一段时间，利率可能呈现持续下行态势，因此负债扩张速度远大于资产增长速度，或将造成保险公司净资产的大幅收缩。

（四）保险行业面临新一轮新技术产业革命的潜在冲击。区块链、大数据、物联网、人工智能等新一轮信息技术变革对传统行业产生颠覆性影响，人工智能、自动驾驶可能对传统车险等保险产品带来冲击，器官 3D 打印、基因编辑、精准医疗、智能穿戴设备等对传统寿险商业模式带来巨大挑战。如支付宝发起的相互宝，虽然目前只是传统商业保险的补充，但互助平台近 1 亿的活跃用户，其“保费”低、保额高，分流效应势必对传统保险业务的现金流产生影响。此外，互联网“保险”平台依靠人工智能等先进技术节省人力成本，可能造成传统保险业部分代理人失去工作岗位。

与此同时，全球经济增长放缓、国内经济下行压力加大，导致保险业“资产端”承压。债券违约常态化，房地产行业股票明显下跌，持有较多地产股的保险公司压力更大，突出风险表现为：一是前期激进投资，集中投资地产、低等级非标、股票及海外的中小保险公司，可能面临较大的资产质量下降、流动性下降风险；而大型保险公司，投资相对规范，短期风险可控。二是在我国经济增速放缓的情况下，长期利率持续走低，保险业资产端收益率下降。传统固定收益带来的较高确定性收益下降，信用风险仍在继续暴露。新会计准则下，权益资产带来更大利润波动。资产负债不匹配风险、再投资风险凸显，甚至会危及寿险的商业模式。日本 2001 年 7 家寿险公司破产，殷鉴不远。

二、防范和化解保险业金融风险的建议

面对复杂多变的国内外经济形势，保险业承保与资产两端承

压，相关金融风险逐步显现，尤其是允许外资资管机构在国内独资开展业务等金融开放政策逐步实施后，监管部门应进一步创新监管理念，丰富监管工具，把宏观审慎监管与微观审慎监管有机结合起来，坚持问题导向，统筹协调长短期目标，有效化解和防控相关金融风险。

第一，密切跟踪形势变化，按照“松紧适度”原则，加强“承保端”风险管控。在内外部经济环境趋紧的情况下，特别是中小寿险公司兑付高峰来临、流动性风险加剧，可根据现金流缺口选取部分公司进行持续跟踪和审计，全面防控相关风险外溢。而对于大型寿险公司面临的产品定价风险、利率风险，建议监管部门不要采取“一刀切”措施，适当放开中短期产品销售，引导和鼓励保险公司根据自身情况合理优化产品结构，让市场自我调节，逐步化解相关金融风险。

第二，加强“资产端”风险管理，通过“放开前端”和“管住后端”相结合，及时处置和化解相关金融风险。一是进一步打开资产配置发挥作用的空间。资产配置的核心是资产种类和具体投资的多元化。建议相关部门进一步放开对险资投资森林、农场、大宗商品、原油、贵金属等实物资产的投资品种限制。二是持续丰富投资工具。作为经营风险的专门企业，建议将国债期货，债券借贷业务，ABN（非公开定向发行资产支持票据），货币掉期、汇率掉期业务，PPN（非公开定向债务融资工具）等纳入保险投资工具体系，让险资企业有效管控风险。三是敦促保险公司加强内部风控，提升公司治理水平，股权投资者承担好相应责任。四是建立健全试错容错机制，营造良好的创业投资（VC）环境。作为长期资金，鼓励险资投资部分 VC 企业，既获取长期良好收益，又能创设企业、创造就业、增加税收。五是针对未上市股权，建议相关部门适当放宽《保险资金投资股权暂行办法》中对行业的限制，特别是对于国企混改、供给侧结构性改革、新基建、战略性新兴产业等类型项目在行业限制上给予一定豁免。总之，促进保险资产管理公司持续提升投资能力和风险管理能力，谋求长期稳定、多元化的投资，为保险公司稳健经营营造良好的法制和监管环境。

第三，创新监管模式，有效应对保险领域数字化冲击。近年来，许多科技公司特别是跨境互联网公司运用数据化技术改造和升级保险商业模式，并快速向传统保险领域渗透。建议相关部门在鼓励、支持和引导国内保险公司加快数字化转型的同时，未雨绸缪，积极应对，创新监管模式和方法，尤其防范类似 P2P“三不管”问题侵蚀保险行业，引发相关金融风险。

三、加强国内外经济形势分析研判

当前全球经济走势及其主要风险

——国际机构和专家学者研判2019年全球经济形势观点综述（上）

党小卉

今年以来，全球经济形势复杂严峻，走势扑朔迷离。“一年之计在于春”。首季过后，国际机构相继发布最新全球经济展望报告，知名专家学者纷纷发表分析言论，研判2019年全球经济走势及其主要风险，在诸多不确定性中把脉经济变局中的“危”与“机”。现将其重要观点综述如下。

一、对2019年全球经济走势的初步判断

各方观点普遍认为，2019年开局，全球经济延续2018年下半年以来的疲弱态势，复苏动能持续减弱，主要经济体增长乏力，但短期内尚不会出现衰退。随着近期全球宏观经济政策环境改善，市场预期有所好转，加之新兴经济体经济趋稳，预计全球经济或

将在二季度企稳，下半年有望回暖。

（一）全球经济增速放缓但不会陷入衰退，下半年有望回升。近期，国际主要组织和知名投行陆续推出最新《2019年全球经济展望》报告，普遍认为今年以来全球经济再度遭遇“强劲逆风”，各种不确定性有增无减，增长势头整体放缓，并纷纷下调2019年全球经济增长预期，国际货币基金组织（IMF）预计将从2018年的3.6%降至3.3%，较年初预测下调0.2个百分点，为2008年国际金融危机以来的最低水平。IMF指出，受全球贸易紧张局势加剧、金融环境收紧、政策不确定性上升等因素影响，一季度全球经济扩张势头明显减弱，全球经济体70%出现增速放缓，包括美国在内的主要发达经济体以及多数新兴经济体的增长预期出现恶化，集体陷入“同步减速”的“不稳定状态”。美国摩根大通集团近日公布反映全球工业产出景气度的全球制造业PMI数据，2019年3月为50.6%，较年初回落0.2个百分点，为2016年7月份以来最低点，凸显全球经济下行压力加大。WTO报告称，今年以来全球贸易量急剧下滑，一季度全球贸易景气指数跌至96.3，较上一季度回落2.3个百分点，为2010年3月以来最低值。贸易紧张局势等不确定性令全球投资和消费增速走低，严重拖累全球经济增长。联合国贸发会议发布报告显示，全球投资活动放缓，2018年11月—2019年2月，共有35个国家制定42项国际投资协定，其中34%为限制或管制协定，占比为2003年以来最高。美国彭博社等估算，今年一季度全球经济增长环比折年率为2.3%左右，较去年四季度回落0.4个百分点。不过，IMF称其基线预测并未显示全球经济短期内会出现衰退，特别是3月份后出现一些积极变化。受主要经济体央行货币政策转向“宽松”、美中贸易磋商取得进展、中国等经济体加大财政刺激经济力度，显著提振全球市场信心，加之新兴经济体经济趋稳等有利因素支撑，预计全球经济或将在二季度止跌企稳，下半年有望开始反弹。

（二）发达经济体增长放缓，且走势分化。2019 年主要发达经济体经济增长或将整体呈现下滑趋势，IMF 预计将从 2018 年的 2.2% 放缓至 1.8%，较年初预测下调 0.2 个百分点。（1）美国经济降温，但难言会陷入衰退。美国高盛集团指出，受低温极端天气、消费增速趋缓、住宅投资下降以及政府关门等因素影响，今年以来美国经济增速大幅回落，预计一季度将从去年四季度的 2.2% 放缓至 1.5% 左右。美国摩根士丹利公司分析称，当前美国特朗普政府的减税政策效应正在消退；受民主党掣肘，进一步加大财政刺激力度的可能性降低。随着 2020 年总统大选临近，政策不确定性加大，债务上限问题可能引发政府再度关门，而贸易摩擦致使美国贸易赤字持续扩大，出口对美国经济拖累或将更加明显。瑞银集团表示，美中经贸摩擦升级、通胀超预期上升和汽车消费疲软是今年美国经济面临的最大不确定因素。一季度美国制造业 PMI、消费者信心指数回落等表明，美国经济正在进入下行通道。但一些美国智库认为，美国企业利润仍保持增长，金融风险没有明显恶化。特别是今年美联储可能暂停加息，将改善金融紧缩环境，为美国经济增长提供支撑。目前仅从 3 月底长短期国债利率出现倒挂等迹象尚难作出美国经济临近衰退的判断。总的看，今年美国经济增速可能大幅下降，IMF 预计将从去年的 2.9% 放缓至 2.3%，较年初预期下调 0.2 个百分点。（2）欧洲经济多面承压，衰退风险加大。欧盟统计局称，在内部政治风险上升、私人消费不振、外部经贸摩擦、市场环境恶化等多重因素影响下，欧洲经济下行压力明显加大，预计一季度欧元区经济增速仅为 0.7% 左右。IMF 指出，2019 年欧元区主要经济体经济增长均有所下降。预计德国、法国、意大利的经济增速将分别从2018年的1.5%、1.5%和0.9%放缓至0.8%、1.3%和0.1%，较年初预期下调0.5、0.2和0.5个百分点。英国汇丰银行研究显示，今年以来，英国经济饱受“脱欧”高度不确定性困扰，消费和投资低迷，英镑波动加大，复苏进程严重受挫，预计2019年经济增速将从2018年1.4%放缓至1.2%，较年初预期下调0.3个百分点。OECD认为，一季度欧元区制造业和服务业PMI指数继续收缩，预示下半年欧元区经济增长或将更加疲弱。IMF预计，欧元区经济增速将从2018年的1.8%放缓至2019年的1.3%，较年初预期下调0.3个百分点。（3）日本经济仍在低位徘徊，GDP增速或将微升。日本野村证券认为，目前日本经济增长仍维持低位，通胀持续低迷，预计一季度实际GDP季调环比折年率为–1%左右。日本央行指出，10月份日本政府计划将消费税从8%提高至10%，或将成为今年日本经济增长的分水岭：部分消费需求可能提前释放，推升上半年经济增长；而提高消费税后可能减弱居民消费动力，对四季度经济增长构成压力。IMF预计，今年日本经济增速将从去年的0.8%小幅升至1%，较年初预期下调0.1个百分点。

（三）外部金融压力略缓，新兴经济体增长仍不平衡。2019年新兴市场和发展中经济体经济增长整体趋于稳定，IMF预计GDP增速将从2018年的4.5%略降至4.4%，较年初预测下调0.1个百分点。美国彭博社表示，今年以来，全球经济放缓、大宗商品价格低迷等因素对新兴经济体形成较大下行压力，预计一季度增速为2.8%左右，较上季度下滑1.1个百分点。不过，随着3月份多国央行货币政策转向“宽松”，不少新兴经济体面临的资金外流压力有所缓解，货币趋稳，资本市场回暖。瑞银集团分析称，在发达经济体增速放缓、金融条件调整和国内结构性问题凸显、债务高企等因素共同作用下，拉丁美洲、中东、北非、巴基斯坦地区及撒哈拉以南非洲部分地区国家的经济前景暗淡。IMF 亚太部负责人说，亚太地区仍是全世界最具经济活力的地区，但受外部经济压力影响，预计亚洲新兴经济体经济增速将从去年的 6.4% 微降到今年的 6.3%。IMF 预计，今年金砖国家经济总体趋稳，GDP 增速可维持在 2018 年的水平。在国际大宗商品价格回升等因素支撑下，巴西、南非、印度等国 GDP 增速有望从 2018 年的 1.1%、0.8% 和 7.1% 回升至 2019 年的 2.1%、1.2% 和 7.3%；受美国经济制裁等因素影响，俄罗斯 GDP 增速将从 2018 年的 2.3% 回落至 2019 年的 1.6%；综合考虑全球经济增长放缓、美中贸易磋商取得进展、中国政府加大财政刺激力度等情况，中国 GDP 增速将从 2018 年 6.6% 放缓至 2019 年的 6.3%，但较年初预期上调 0.1 个百分点。

二、对当前全球经济面临不确定性和风险的预估

多数观点认为，当前全球经济处于“十分脆弱”阶段，整体增速仍在放缓，不稳定不确定性因素明显增多，复苏进程容易受到贸易紧张局势加剧、债务居高不下、金融市场不稳定性上升、英国“脱欧”再添变数等多重风险拖累而再度受阻。

（一）全球贸易增长下降趋势明显，贸易争端易发多发。多家国际组织警示，2019 年全球贸易量受贸易保护主义抬头、多边贸易体系受挫、贸易紧张局势等影响或将出现大幅下降，WTO 最新公布的《全球贸易数据与展望》下调了 2019 年全球贸易增速预期，预计将从 2018 年的 3.0% 放缓至 2.6%。报告估算，如贸易摩擦长期持续下去，将使全球贸易量下降 3.01 个百分点，如考虑全

球价值链分工形式，将下降更多；即使保守估计，全球贸易量至少也要下降1.74个百分点。联合国报告分析，美中贸易紧张关系加剧、关税螺旋式上升等因素给全球贸易前景蒙上阴影，全球经济或将受到投资放缓、消费价格上涨、商业信心下降等多方面冲击。如果美中双方长期达不成协议，甚至可能导致全球经济衰退。据IMF测算，如美国对中国所有出口商品加征25%的关税，可能分别影响美国、中国乃至全球GDP增速0.6、1.5和0.75个百分点。英国《金融时报》文章指出，中美达成贸易协定概率虽有所上升，但美国特朗普政府的贸易政策还存在反复，尤其在美国经济增长放缓和总统大选临近的双重压力下，特朗普为转移国内舆论焦点或将随时重挑贸易争端。鉴于中美经贸摩擦具有长期性和复杂性，即使中美双方达成协议，也不会从根本上改变两国的贸易格局，更不意味着中美实力角力结束。IMF称，今年全球经济最大的不确定性就是贸易摩擦，美中经贸磋商正在牵动全球神经，美欧、美日等围绕汽车、农产品或高科技等敏感行业的贸易摩擦依然存在，发达经济体外商投资法律法规的限制和管制趋严，对全球贸易、产业链扩张和国际直接投资将形成抑制。目前全球贸易紧张局势已经引发市场焦虑情绪，如果管控不当，将给全球经济造成致命伤害。

（二）货币政策调整和债务高企，可能引发经济金融风险。中国社科院世经政所负责人认为，尽管近期美联储表示今年可能不再加息，“缩表”行动将于9月份暂停，但总体看美国货币政策调整仍处在利率中性化的道路上，目前难言美国货币政策“重返宽松”。未来美联储调整货币政策将对全球经济、大宗商品价格、发展中国家债务等带来较大不确定性。IMF测算，美联储货币政策的不确定性对全球经济增长的影响达到0.75个百分点。

IMF负责人表示，近些年全球债务风险上升，近3/4经济体存在企业债务水平高企问题。考虑到当前全球经济和金融市场的“脆弱性”，可能随时引爆经济金融风险。中国银行国际金融研究所研究报告显示，新兴经济体约有3.9万亿美元规模债券和银团贷款将在2020年底到期，其中外币负债约占33%。一旦市场风险偏好恶化、金融环境收紧，新兴经济体将面临本币贬值和资本外流压力，引发金融市场动荡。美国彭博社称，美国股市从2009年以来持续十年牛市，目前股票市值处于历史高位水平。去年美股市场泡沫风险开始显现，今年如美国实体经济增长减速、投资收益下降或突发事件爆发，可能引发美股乃至全球股市下跌，进而严重冲击金融市场和全球经济。

（三）大宗商品价格涨跌互现，全球市场波动加剧。世界银行称，2018年底国际能源价格出现大幅暴跌，尤其是大部分金属和农产品交易价格因全球贸易加征关税急剧下滑，预计这三类大宗商品价格将在2019年止跌回稳，但在中国需求减少等因素作用下将呈现略微下降趋势。OECD认为，2019年以来国际油价飙升，一季度英国布伦特和美国WTI期货油价分别上涨27%、32%，创十年来最大单季涨幅。预计在全球经济增长放缓、OPEC与俄罗斯等产油国达成减产协议、美国宣布对伊朗实施新制裁等因素作用下，国际油价可能继续震荡走高。联合国报告指出，鉴于国际油价或将出现大幅波动，估计2019年石油市场供给侧的变化可能对全球通胀产生上行压力，而国际油价飙升可能成为全球经济下行风险因素之一。美国摩根大通集团提示，今年多国将面临重大政治事件，如泰国、印度、阿根廷等将进行大选，欧洲进行议会选举等。中东、南美局势牵动美、俄、欧多方角力，地缘政治冲突依然严重。在特殊时点，地缘政治的突发事件可能引发国际投资者的避险情绪，导致大宗商品价格波动加剧，这势必将对许多大宗商品出口国经济形成严重冲击。

此外，英国“脱欧”一波三折，可能拖累欧洲乃至全球经济。英国《金融时报》称，近期英国“脱欧”进程又增添“新变数”，欧盟决定英国“脱欧”再次延期。未来半年缓冲期里，英国将在“硬脱欧”、“软脱欧”和“不脱欧”中继续挣扎，无协议“脱欧”风险并没有被真正排除。IMF 估算，英国无协议“脱欧”将给其经济带来严重影响，可能到 2021 年方能恢复至 2018 年的 GDP 水平。即使不进行无协议“脱欧”，如果英国边境设立关卡并出现金融交易不稳定的情况，英国“脱欧”后 GDP 仍将下降 1.4 个百分点。英国汇丰银行指出，受英国“脱欧”延期事件影响，欧洲主要资本市场将面临较大不确定性，未来一段时间将充分反映英国“脱欧”带来的经济下行风险。OECD 分析称，英国“脱欧”可能大幅提高欧洲经济体的成本。据测算，如英国无协议“脱欧”，英国和欧盟双方企业每年将面临 580 亿英镑的额外成本。此外，欧盟近 2.5% 的经济体量涉及对英国出口，可能在英国“脱欧”时面临干扰；业已疲弱的欧盟制造业，既面临美国贸易关税调整的风险，也将面临英国需求大幅缩水。这些高昂的成本和不确定性将降低企业盈利，冲击多个行业，拖累欧洲经济增长。IMF 预测，英国最终会“有序脱欧”，但其混乱的“脱欧”进程将导致 2019 年全球经济增速放缓逾 0.2 个百分点。

附件

世界主要地区和经济体 GDP 增长预测

		4 月份预测值	较 1 月份预测值调整变化
	2018 年（%）	2019 年（%）	2019 年（%）
世界产出	3.6	3.3	－0.2
发达经济体	2.2	1.8	－0.2
美国	2.9	2.3	－0.2
欧元区	1.8	1.3	－0.3
德国	1.5	0.8	－0.5
法国	1.5	1.3	－0.2
意大利	0.9	0.1	－0.5
日本	0.8	1.0	－0.1
英国	1.4	1.2	－0.3
新兴市场和发展中经济体	4.5	4.4	－0.1
俄罗斯	2.3	1.6	0.0
亚洲新兴市场和发展中经济体	6.4	6.3	0.0
中国	6.6	6.3	0.1
印度	7.1	7.3	－0.2
东盟五国	5.2	5.1	0.0
欧洲新兴市场和发展中经济体	3.6	0.8	0.1
拉丁美洲和加勒比	1.0	1.4	－0.6
巴西	1.1	2.1	－0.4
中东、北非、阿富汗和巴基斯坦	1.8	1.5	－0.9
沙特阿拉伯	2.2	1.8	0.0
撒哈拉以南非洲	3.0	3.5	0.0
尼日利亚	1.9	2.1	0.1
南非	0.8	1.2	－0.2
低收入发展中国家	4.6	5.0	－0.1

来源：国际货币基金组织 2019 年 4 月《世界经济展望》。

应对全球经济变局的建议

——国际机构和专家学者研判 2019 年全球经济形势观点综述（下）

党小卉

当前全球经济复苏处于“反弹动力”与“下行风险”角力的关键时期，增速“继续放缓”与“企稳回升”就在“一线之间”，加之经济全球化遭遇保护主义、单边主义、民粹主义冲击，大国竞争博弈加剧等因素干扰，正在陷入充满不确定性之变局。鉴于全球经济复苏道路上风险与希望同在，挑战和机遇并存，许多国际机构和专家学者建议，中国应与世界各国一道，在诸多不确定性和风险中“危”中寻“机”，为增强全球经济发展动力共同谋划“切实可行”的新方略。

（一）精准把握全球经济走势，积极探寻转“危”为“机”之策。IMF 指出，当前全球经济正处于“微妙时刻”，既存在许多下行风险，也有不少复苏机遇，下行与反弹“命悬一线”。如果各国积极采取行之有效的应对措施，今年上半年全球经济增速可能止跌企稳，下半年有望开始逐步反弹；如果政策操作不当触发任何风险，那些经济状况不佳、债务沉重、过度依赖能源出口的经济体可能在复苏中“脱轨”，甚至陷入衰退，进而拖累全球经济增长。英国《金融时报》文章称，当前全球经济“危”与“机”并存，风云变幻，阴晴难料。从短期看，各国需调整宏观经济政策，并协调结构性改革措施和金融、贸易政策，以促进经济稳定增长。从中长期看，未来全球经济走势取决于科技革命演进、国际经贸规则重构和全球化调适升级，这三种力量将重塑全球新秩序，促进全球经济实现可持续增长。美国波士顿咨询公司研究报告认为，当今全球经济充满不确定性，只有各国精准把握复苏道路上的“危”与“机”，共同探寻和培育增长新动能，共谋全球发展化“危”为“机”之策，才能迎接全球经济增长更加强劲、更加光明的未来。

（二）加强宏观政策逆周期调节，有效缓解经济下行压力。IMF 指出，当前各国制定宏观政策的重点，需避免因操作失误损害经济韧性。为促使今年全球经济止跌回升，各方应根据国情“相机抉择”，用好宏观政策工具，协调好货币与财政政策，稳定金融政策，确保全球经济上半年实现“软着陆”。IMF 经济学家建议，各国可从财政、货币、金融政策“三管齐下”：一是财政政策要在刺激需求、保障社会公共支出和确保公共债务可持续之间寻求平衡。二是货币政策应以经济数据为依据把握好时机和力度，与市场保持良好沟通，稳定通胀预期，确保实现调控目标。三是金融政策须通过运用宏观审慎工具，积极主动应对脆弱性，确保金融市场稳定。IMF 认为，除实现调控目标外，各国宏观政策的着力点应更加注重提高经济韧性，增强包容性，让经济增长为更广泛群体带来获得感。如果经济下滑程度超出预期，各国需要马上行动，在调整宏观政策、提升潜在增长率水平和维护金融稳定方面，打好政策“组合拳”，以巩固经济增长。对中国而言，IMF负责人表示，当前中国经济更加注重高质量发展，宏观经济政策的操作要点，除有效夯实经济企稳基础外，应更加注重“配合改革开放”和“支持经济转型”。从目前情况看，货币政策操作空间已经变小，建议中国更加明智地将财政政策作为本轮“稳增长”的主要手段。应更加注重调动地方积极性，着力支持基础设施投资，并通过减税和增加公共支出扩大总需求，促进经济回稳向好，但需特别注意防范地方政府债务风险上升。

（三）持续推进改革开放，妥善应对外部风险挑战。IMF指出，2019年全球经济最大的风险就是美中经贸摩擦。目前美中贸易磋商正在朝着积极乐观方向发展，有望很快达成协议。如果双方最终达成一个建设性、全面性和确定性的贸易协定，将有效缓解全球贸易紧张局势，改善全球经济增长预期，给全球投资、创造就业和未来发展提供指导框架。美国约翰·霍普金斯大学东亚研究中心负责人表示，美中两国GDP之和占全球的40%，两国经贸摩擦、实力角力或更深层面的“系统性竞争”，可能给世界带来更多的不确定性，对全球经济造成巨大而深远的影响。从更长远角度看，美中关系对全球干系甚大，建议双方保持理性克制，有效管控风险、加强双方合作，而不是冷战对立。贝莱德集团认为，全球贸易紧张局势，特别是美中经贸摩擦是美国民粹主义抬头的结果。中国有“让”也应有“守”。所谓“守”就是坚持推进改革开放，保持定力、练好内功是中国应对外部风险的有效措施。建议中国通过结构性改革应对劳动生产率下降等经济结构性问题的同时，可在对外开放政策方面实现新突破。如中国应扩大进口，让全球商品、服务、技术加速进入中国市场；加快制定外商投资法配套法规，保护外商合法权益；持续扩大金融业对外开放，进一步放宽外资市场准入。博鳌亚洲论坛理事说，全球经贸规则演变和保护主义抬头，使中国发展的外部环境发生深刻变化。中国提出“一带一路”倡议，既是解救全球化危机的有效方法，更是推动经济全球化发展的新方略。建议中国的“一带一路”为国际社会提供更多开放、包容、均衡、共赢的全球合作平台，与各方一道共同为解决更多的不确定性问题寻找可行方案，为各国共同发展提供新的“中国机遇”。WTO 上诉机构负责人表示，当前全球化遭受挫折，在美国单边主义、保护主义日益盛行的形势下，WTO 面临被边缘化的危险，当务之急是重振争端协调机制，在 WTO 框架内帮助各国解决贸易争端。中国是多边贸易体制的坚决支持者，也是当前自由贸易的倡导者和引领者，应与各国携手共同推进 WTO 的改革进程，与世界各国一道共同维护以规则为基础的多边贸易体制，发出中国推动经济全球化发展的最强音。意大利经济与财政部政要指出，当前全球经济大约 30% 的增长动力来自中国，未来中国经济的高质量发展势必为前景不明的全球经济增长发挥重要的“发动机”和“减震器”作用。过去十年，中国经济帮助像美国这样的发达国家较快走出国际金融危机。期望中国坚持改革开放，坚定支持贸易自由化和经济全球化，以更多“改革开放红利”继续惠及全球。

（四）牢牢把握新一轮科技和产业革命的重大机遇，培育壮大经济发展新动能。美国波士顿咨询公司研究报告称，以数字化为代表的新技术革命浪潮正在席卷全球，智能终端从个人电脑、手机等设备正在向万物互联扩展，智能物联网、云计算、边缘计算、大数据、人工智能等技术正在推动人类生产和生活方式升级。美光科技公司负责人指出，数字化新技术发展已经进入智能化变革的新时代。如果计算机是大脑，5G 就是神经系统，数据就是血液，存储单元是整个心脏。作为跨时代的移动通信技术，5G 将为经济发展、社会进步和民生改善提供有力支撑；作为推动各行各业实现“智能+”的催化剂，5G或将为全球经济增长提供强大动力。高通与HIS近期发布的《5G技术将如何影响全球报告》显示，5G将大幅拉动全球经济增长：2020—2035年，5G将每年为全球经济增长贡献0.2个百分点，对全球实际GDP的总体贡献值将达2.1万亿美元。据美国普华永道测算，到2030年，人工智能将为全球经济带来15.7万亿美元的GDP产出，占全球GDP比重14%，其中人工智能在中国将创造7万亿美元的价值，占中国GDP总量的26.1%。美国波士顿咨询公司研究认为，数字化新技术和实体经济深度融合势必成为全球新的经济增长点和发展新动能。各国应以新一轮科技革命和产业变革为契机，做大做强数字化经济，以信息化培育新动能，用新动能推动全球新发展。美国麦肯锡公司建议，各国应加快5G商用部署，培育壮大产业链。研究制定5G商用的配套政策，推进站址保障和共建共享，加强标准制定、安全保障、资源配置等方面的政策协同，完善法规体系，促进5G与经济社会领域融合应用。美国波士顿咨询公司负责人提醒说，5G时代个人隐私权保护、国家信息基础设施安全等问题将会更加凸显。建议各国加强顶层设计和前瞻布局，统筹推进5G网络基础设施安全保障能力建设，积极应对5G带来的网络安全挑战。健全网络安全治理体系，探索多方协同共治的模式，形成政府、行业、企业、社会协同共治的新格局。创新工场负责人表示，近两年发布的《5G全球竞争报告》显示，2018年中国在全球5G领域各种竞争指标中综合排名第一，美国排名第三；2019年美国前进两位，与中国并列第一，排在之后的依次是韩国、日本和英国。世界科学技术发展的历史告诉我们，对新技术严重恐惧和误解是新技术产业发展的最大威胁，激烈竞争与过度垄断均会阻碍新技术普及，过早监管与治理可能削弱新技术价值创造。新加坡前政要强调，面对新的科技和产业革命浪潮，经济社会发展的需求动力超出预测，人类创新潜能超出想象。各国应以积极、开放、合作的心态拥抱新技术、新发明，在技术交流、数据共享、市场贸易、信息消费等方面，搭建更多共建共享共赢的新平台，培育更多利益契合点和经济增长点，为全球经济发展增添新动能。

各方观点一致认为，面对全球经济下行压力等共同挑战，没有哪个国家能够独善其身；各方应从调整国内政策、重构国际经贸规则和调适全球化升级、推进新一轮科技革命和产业变革演进层面“三管齐下”，寻求互利合作的双赢和多赢之道；应遵照“共同命运、共同行动、共同发展”原则，携手应对风险，共享机遇，提高经济韧性，培育增长新动能，在更多“不确定性”中共同探寻“确定性”的解决方案，为全球经济强劲持续增长注入信心、增添力量。

经济运行面临的突出问题和相关政策建议（上）

马志刚　潘国俊　王存宝　杨诗宇　黄涛

近期，我室召开了经济学家、金融机构、“三新”经济、行业协会、地方政府研究室负责人等一系列座谈会。围绕当前复杂经济形势和明年经济工作，与会专家、企业负责人等进行了深入研讨，就创新和完善宏观调控、扩大有效投资和消费、优化营商环境、培育壮大新动能等重点问题，提出了意见建议。

一、关于宏观经济形势

与会同志普遍认为，今年以来，面对外部环境和国内条件复杂变化，我国经济运行能够总体平稳、主要指标保持在合理区间，很不容易。明年国内外形势更严峻、不确定性因素更多，保持经济平稳增长的难度比今年更大，政策预案上一定要早做准备。

外部环境影响持续加深。有专家测算，今年前三季度净出口对经济增长的贡献度为19.6%，预计明年出口下降3%，对经济的拉动作用会明显减弱，甚至可能会形成负向带动。

国内需求仍在走弱。有专家指出，今年投资增速创多年来低位，基础设施投资启而不动，始终保持在4%左右的较低水平，与前几年20%左右的增速相比可谓断崖式下跌。社会消费品零售总额增速创下多年来低位，前三季度实际增长6.4%，与GDP增速接近。明年制约投资特别是制造业、民间投资增长的土地、资金、市场预期等因素难有大的改善，房地产投资预计较大幅度下滑，整个投资回升的难度很大。汽车工业协会反映，前9个月汽车产销降幅均在两位数，前几年高速增长的新能源汽车也开始出现下滑。明年若政策没有大的突破，汽车等大宗消费也难有大的起色。

实体经济面临困难较多。一些地方同志反映，企业面临市场需求不足、生产经营成本上升、融资环境趋紧等多重压力，融资难融资贵问题依然突出。一些企业负责人认为，当前"生存"是第一要务，"发展"只能退而求其次，不敢去冒险投资，有闲散资金宁可存在银行或者购买理财产品。

明年物价走势将前高后低。CPI和PPI之间的分化仍在加大，生产资料价格已经连续5个月下降。猪肉价格上涨是阶段性现象，明年全年CPI可能前高后低、涨幅3%左右；PPI上半年仍有下行压力，下半年可能企稳回升，全年整体可能负增长。与之相应，明年货币政策应更多考虑通货紧缩的因素，而非物价上涨因素。

二、关于财政政策

不少地方同志和专家认为，当前经济形势下，应进一步发挥好财政政策的逆周期调节作用。

适度提高财政赤字率。专家认为，我国短期内提高赤字率是有空间的，但长期看要防止出现日本、美国的高负债率情况，导致财政赤字货币化。明年财政赤字率可以提至3%或者适度高于3%，财政支出额度提升到26.5万亿元或者更高。

研究发行长期建设国债。很多专家都提出，我国储蓄率较高，发行长期建设国债有市场，群众购买愿望也比较强烈。而且，发行长期建设国债也有助于改善目前的国债结构。长期建设国债应主要用于跨省或省内跨市县的基础设施建设，项目要有收益，能形成有效益的优质资产，期限在20—30年。

完善地方政府专项债券发行使用机制。不少地方同志和专家建议，明年地方专项债券规模扩大到3万亿元或者以上，提前发行和使用，并且进一步扩大可作为项目资本金的范围。保障市场化融资与专项债享有平等的债权地位，明确除政府性基金外，可用于偿还专项债的项目收入，均可用于偿还市场化融资，使专项债更好发挥拉动基础设施投资的作用。对于专项债作为资本金的项目，应明确其劣后于市场化融资偿还，以提高金融机构配套融资积极性。对地方政府债券实施差别化管理，可向支出进度良好、负债率较低的地区，适当加大倾斜力度。

巩固减税降费成果。一些专家学者认为，今年更大规模的减税降费对经济产生三方面积极影响。一是促进“稳增长”“稳就业”。预计本轮减税措施将分别拉动今明两年经济增长0.86、0.31个百分点。二是完善了现代税收制度。比如，个人所得税从分类计征改为综合计征，对完善个人所得税制度有重大推进作用。下调增值税两档税率，为完善增值税制度打下了好的基础。三是推动高质量发展。将研发费用加计扣除比例提高到75%的政策扩大到所有企业，拓展投资初创科技型企业享受税收优惠政策范围等，有力推动了科技创新。目前减税降费实施中的主要问题，一是地方财政收支平衡压力加大。北京市同志反映，上半年全市一般公共预算收入下降2.5%，这是改革开放以来所没有过的。下半年通过盘活资产的办法，增速实现转正，但仍处低位。二是中小企业获得感相对较低。增值税是间接税，减税红利会在产业链上分配，使得产业链上议价能力较强的国企、其他大型企业等分享更多收益，而中小企业和民营企业有可能受到上下游企业“两头挤压”。明年要继续巩固减税降费成果，针对实施过程中暴露出来的问题及时打补丁、完善配套政策。

三、关于货币政策和缓解企业融资难题

有专家认为，受表外融资增速大幅下降等因素影响，全年社会融资实际增量与宏观政策逆周期调节的要求相比还有差距，因此建议明年的货币政策要更加积极地发挥作用，适时降准、降息，总量上确保 M_2、社会融资增速有一定幅度的回升，以满足经济运行在合理区间的需要。

优先解决“融资难”问题。有专家提出，银行天然具有风险厌恶和逐利特征，要求他们对高风险的中小企业降低信贷成本，势必使得他们缩小信贷规模。在经济下行期，应优先解决信贷资金可获得性问题，避免同时要求解决融资难、融资贵。还有专家建议，要做好“资管新规”过渡期后稳定融资的制度安排；支持开展应收账款融资，提高信用贷款和知识产权抵押贷款比重；放开民营银行设立分支机构限制，以更好服务地方经济。

“融资贵”问题反映仍较多。有地方同志反映当地企业综合

融资成本多在10%以上，多个地方建议充分应用大数据等手段解决银企信息不对称、贷款定价风险溢价高等问题。有专家还提出，虽然今年利率市场化有实质性进展，但货币市场利率向信贷市场传导不畅的问题仍较为突出，信贷市场利率没有明显回落。建议明年采取降准和降息等市场化手段推动实际利率走低。

完善“敢贷、能贷、愿贷”机制。多个地方反映，在经济下行期，银行机构惜贷、惧贷现象更为严重。建议金融监管部门在借新还旧、续贷、尽职免责、不良贷款容忍度等方面给予银行更多引导支持，形成对金融机构及信贷从业人员的正向激励。

四、关于稳定和扩大就业

许多同志认为，明年的就业压力会持续加大，现有相关政策也存在不适应的问题，需采取措施加以解决。

企业减员等问题明显增多。不少地方反映，受国内外复杂形势特别是中美经贸摩擦影响，虽然前三季度就业总体稳定，但压力呈逐步加大态势。比如，东部沿海某省6月新增就业人数同比由增转降，9月末同比降幅达3.1%，被监测企业中制造业用工降幅从一季度的4.7%扩大到三季度的6.3%。某省8760家中美经贸摩擦监测企业中，23.5%的企业出现裁员。某省农民工回流返乡增多，且自6月以来城镇劳动参与率同比连续3个月下滑。与此同时，熟练工人特别是高级技工招工难问题仍较普遍，一些地方高端人才极为短缺，高学历、高技能人才引进困难。

对新就业形态的政策支持有限。国家信息中心专家认为，“三新”经济已成为最重要的就业“蓄水池”，而且催生了大量新职业、新就业模式，但在劳动用工管理等方面仍沿用了旧制度。一些平台企业反映，由于平台企业与外卖骑手、网约车司机等就业人员大多不是传统的劳动关系，针对企业和职工的培训补贴、稳岗补贴、就业指导等就业创业政策难以享受。套用现行的劳动法律制度对新业态从业人员进行加班认定、工资调整等，不仅与灵活用工和就业的方式不相匹配，也大大增加了平台企业的责任和成本。很多平台企业建议，研究针对平台用工的就业扶持和补贴政策，把灵活就业人员纳入就业创业扶持政策范围，同时允许平台企业以商业保险等方式解决灵活就业人员的基本保障。制定适应平台就业的劳动标准体系，明确区分平台用工和传统用工，更好地在发展中提升劳动者保障水平。

着力加强职业教育和培训。不少地方提出，应加大对职业教育和技能培训的投入力度，强化培训能力建设，提高劳动者素质，缓解结构性就业矛盾。一些“三新”企业建议，应通过政府购买服务等方式，加强对生活服务业从业人员的教育培训。鼓励互联网企业依托自身平台、利用在线教育资源等开展培训，并给予同一般民办培训机构同等政策支持。

五、关于合理扩大有效投资

大家普遍认为，明年投资增速面临较大下行压力，稳投资要从优化政策环境、拓宽资金来源等多方面入手。

优化投资环境。很多企业负责人和专家提出，要针对制约投资活力的突出问题，按照见效快慢，推动投资软硬环境不断改善。提高产业政策制定透明度，注重听取相关利益方意见，政策变动要留给市场必要调整时间。适度扩大技改专项资金规模，在技改项目融资等方面加大扶持。多位地方同志还反映，教育、医疗、养老等民生需求很大，供给严重不足。要继续放宽市场准入，吸引社会资本进入。

多渠道解决资金问题。有专家分析，基础设施投资乏力，主要与地方政府化解债务负担过重、无力增加投资有关。他们测算，如果要在10年内化解地方政府隐性债务，那么每年需还本付息近6.5万亿元，远超地方政府财力承受范围。建议以时间换空间，从基础设施使用寿命和代际公平视角出发，用30—50年时间逐步稳妥化解存量隐性债务。国家开发银行的同志指出，目前专项建设基金回收资金余额约1500亿元，每年回收资金还有500—600亿元，可以考虑将回收的专项建设基金再投资，补充重点项目资本金。

加大对老旧小区等民生项目投资。浙江的同志认为，现在不是没有地方投资，而是需要通过体制机制创新为一些投资扫除障碍。老旧小区改造，具有稳增长、惠民生、扩内需等一举多得之效。浙江省现存1970—1990年老旧小区建筑面积2.5亿平方米，如果60%按未来社区模式改造，每300亩一个单元，项目总数超过600个，总投资超过3万亿元。

经济运行面临的突出问题和相关政策建议（下）

马志刚　李钊　王晓丹　张凯竣　刘一鸣

六、关于推动消费稳定增长

有专家认为，从国际经验看，在迈向高收入阶段进程中消费增速略有下降是正常的。当前我国消费率刚刚超过 50%，远低于欧美发达国家 80%—90% 的水平，增长空间仍然十分广阔。

*改善汽车消费政策环境。*许多同志提出，汽车作为占消费比重最大的分项，是拖累今年消费增长的主要因素。汽车协会等机构反映，有关政策制定和执行不合理是造成车市不景气的重要因素。例如，新能源汽车补贴退坡力度过猛，仅今年就下降了 60% 以上，很多厂商都是在赔本销售。又如，多数城市对皮卡进城有限制，而在绝大多数发达国家都允许货客两用皮卡进城。再如，国六排放标准的提前执行，让很多车企和经销商措手不及，集中促销去库存的行为严重扰乱了市场预期和行业秩序。他们建议，

有关地方和部门在政策制定修订过程中，要充分听取行业企业意见，加强论证研判；有序减少对乘用车的限购举措，放开皮卡进城的不合理限制。

放宽生活性服务业管制要求。有行业协会和企业建议，放宽对小型厢式货车的通行限制，试点放开末端无人车配送路权、无人机空域，打造“一小时社区即送服务网”。还有专家认为，当前消费场所管理的行业分割现象突出，不能适应消费跨界融合趋势，比如便利店卖药、医院开便利店的审批要求都比较高。建议在一些跨行业的消费场所管理中进一步明确管理办法，取消不必要的授权办证事项，促进消费跨界扩展。

高度重视产品质量建设。多位专家认为，国内市场产品质量不高、品牌认可度低、优质服务资源短缺等问题日益凸显，一定程度导致了中高端消费外流。2009—2018 年我国进口食品规模复合增长率 17.7%，高于同期我国食品饮料行业 13% 的增速。他们建议，要加快消费体制机制改革，进一步放宽服务业市场准入，营造更加开放便利的消费环境，打造“中国制造、中国服务”的优质品牌，切实满足广大群众中高端消费需求。

培育消费新业态新模式。有专家和企业负责人提出，随着新一代信息技术在各领域的广泛渗透，消费的形式和内容也发生了深刻变革，线上线下相互融合极大提升了传统消费的活力和效率。例如，2015—2018 年，某平台线上餐饮外卖交易金额增长 17 倍，而同期全国餐饮线下消费年均增速只有 9.6%。同时，定制消费、体验消费、夜间消费等新形态快速兴起，成为新的消费亮点。当前新消费发展在监管政策、配套设施等方面还面临一些制约，亟待完善相关行业标准和法律制度。要大力发展免税店业务，壮大入境消费、促进国内消费回流；加强网络、道路、商业街等设施场所建设，更好释放新消费的巨大潜能。

七、关于优化营商环境

专家反映，这几年我国营商环境有较明显的改善。但着眼于稳定当前经济运行、增强长期竞争力，必须继续优化营商环境。

进一步简化投资项目审批流程。部分专家和企业负责人认为，一些投资项目落地难的重要原因之一是“四证”（国有土地使用证、建设用地规划许可证、建设工程规划许可证、建筑工程施工许可证）难办，建议除了继续加大土地供给、探索土地高效利用外，进一步简并办证流程。还有专家反映，PPP 项目存在入库难、周期长的问题，建议整合相关环节，如将物有所值评价与项目建议书合并、财政承受能力评估与可研报告合并等，提高申报效率。

加快形成全国统一政策标准、打破地方壁垒。有企业反映一些政策规定在各地的具体标准不统一，不仅提高了跨区域企业的执行成本，而且容易滋生地方保护和行业壁垒。比如各地对网约车车载设备的要求中，成都只要求有定位报警功能，有的地方却要求包含定位报警、拍照、录音等功能。还有些地方对设备加装企业建立“小目录”，甚至有的明为目录实则独家，形成明显垄断。对此，企业和专家建议，要加快形成全国标准相对统一的制度规则，增强企业在不同地区办事的便捷度和可预期性，同时要加强对地方“红头文件”制发的审查论证，避免乱设管理规定、侵害企业权益。

保持政策的连续性、稳定性。一些专家和行业协会负责人认为，目前一些政策出台过急过猛，对产业发展、投资消费都可能产生负面影响。比如有关部门突然出台政策，要求培训机构聘用学科类教师必须取得教师资格，但发布规定时当年教师资格考试的报名时间已经过去，导致大量培训机构在岗教师措手不及。又如目前有些地方对PPP项目的政策多变，动不动就出现暂停、清库情况，导致企业合规成本较高、参与积极性下降。

八、关于发展制造业

与会同志认为，应高度重视当前工业生产持续下滑态势，把稳工业、制造业作为明年稳增长的重点。

稳定和扩大制造业投资。有专家分析，今年前三季度，制造业投资特别是装备制造等重点领域投资大幅下滑，东部和东北地区有的省份降幅接近或超过30%。发展制造业，首先要稳定和扩大制造业投资。要加大对5G等新兴领域基础设施的投资支持，带动相关产业升级发展；建立有效机制，保持制造业信贷合理增长，促进更多资金投向制造业等实体经济。

降低制造业企业生产经营成本。地方的同志介绍，今年2月以来，工业企业效益持续下滑，某省41个大类行业中仅18个保持增长。建议持续推进减税降费政策落实，更加注重政策统筹衔接，最大限度降低制造业企业用地、用能、物流、融资、用工等成本。同时，加强钢材、煤炭等原材料价格监测预警，防止价格过快上涨挤压中下游制造业企业利润。

多措并举保障产业链安全。地方同志普遍反映，企业外迁倾向有所增强，产业链低端环节加快转移、高端环节一时上不去。产业转移同时带走了大量投资，今年我国对越南投资增长近4倍。建议系统梳理重点产业存在的“一剑封喉”风险点，加强关键核心技术攻关，真正把产业“命脉”掌握在自己手中。加强补链强链稳链工作，依托区域特色壮大优势产业集群，形成打不断、拆不散、搬不走的“航空母舰”。发挥龙头企业辐射带动作用，实施“队长计划”，积极寻找、扶持国内替代供应商，实现一个大企业带动一条产业链。同时，在土地、税收等方面给予中西部地区优惠政策，促进东部地区劳动密集型、资源深加工型产业国内梯度转移。

九、关于促进平台经济发展

大家普遍认为，平台经济作为经济发展新动能，在稳增长、保就业、促创新等方面发挥了日益重要的作用，应抓住时机、顺势而为，进一步促进平台经济再上新台阶。

推动取消不适应新经济发展的监管规定。部分企业反映，现有的一些监管规定没有考虑到新产业、新业态的发展需要，应当予以修改和完善。比如自动驾驶汽车发展需要厘米级别的高精度地图支持，但根据现行测绘规定，公开地图位置精度不得高于50米，而一些发达国家没有这方面的限制。又如，现在不少网约车在非乘车高峰时段兼做外卖、闪送业务，以满足群众多样化需求，有的地方却将其认定为从事货运并简单禁止，这不符合实际。有专家建议，有关部门和地方监管机构在制定相关管理办法时，不应盲目套用传统模式，或对原有法规规定进行扩张性解释，而应多采用试验性指导和规制的方式，并设定2—3年有效期，根据情况变化随时修正，避免扼杀新经济发展。

统一线上线下执法标准和尺度。有企业反映，部分省份一方面允许小餐饮开展线下经营活动，一方面又不允许其从事服务于1—3公里范围内社区群众的网络订餐服务；还有的省份没有对小餐饮是否可以进行线上经营作出规定，导致有检查的时候就禁止其线上经营，没有检查了又放开。企业认为这不符合网络服务治理的基本原则，建议允许取得登记备案等合法经营凭证的小餐饮商户入网经营与食品配送。多位专家提出，平台经济“千姿百态”，应在守住安全底线前提下，充分考虑平台经济特点，统一执法标准和尺度，推进线上线下一体化监管。

进一步发挥创业投资的积极作用。有创投机构表示，股权投资市场面临着“募资难”“投资难”“退出难”的多重困境，今年上半年募资规模同比下降19.4%、投资金额下降58.5%、退出案例数下降33.6%。企业普遍希望能够进一步改善创投机构的募资政策环境，引导长期资金参与创投基金投资；通过改善创投基金的投资退出政策环境，支持创投行业建立良性的投资—退出—再投资循环。同时，切实落实支持创投基金发展的税收政策，允许创业企业聘请中介机构提供股权损失鉴证报告，经税务主管机关认可后，可作为确认损失的合法依据。

十、关于防范化解金融风险

多位地方同志反映，当前一些东部省份“担保链”“担保圈”风险卷土重来，一些中西部省份企业集团特别是民企也深陷其中，企业间互保、连保以及“三角债”“多角债”现象突出，极易引发连锁反应，风险化解难度较大，严重影响区域经济发展。民企债券违约风险突出、上市公司股票质押风险仍未解除。地方中小银行不良贷款率持续上升，资本充足率、拨备覆盖率等核心监管指标大幅下降。中小房企资金链高度紧张，出现大面积倒闭，给地方财政、就业稳定、金融市场等带来较大挑战。建议对这些风险隐患要高度重视，逐项采取针对性举措，增强服务实体经济和抵御风险的能力。

外国专家对 2019 年政府工作的建议（上）

姜秀谦　郑真江　水名岳　李传方

2019 年 1 月 24 日，国务院研究室和科学技术部（国家外国专家局）联合召开外国专家建言座谈会。来自美国、德国、英国、俄罗斯、比利时、瑞典等国的 11 位专家，重点就加强政府宏观管理、中美经贸摩擦、金融创新和监管、绿色发展、房地产、工业 4.0、新材料、人口老龄化、教育质量、脱贫减贫等方面，提出意见建议。现将主要观点报告如下。

一、关于推动经济持续增长和政府的作用

与会专家普遍认为，中国经济的质量、结构、驱动方式等发生深刻变革，内生动力增强，对全球经济增长作出重要贡献。同时，面对的各种风险挑战不断增多，要保持中国经济平稳快速增长，既要发挥市场的作用，也要提高政府的宏观管理能力。一位诺贝尔经济学奖得主指出，要想实现经济快速、平稳、包容性增长，

就需要政府在管理竞争、规范秩序上做得更好，并注重推动知识和技术研发积累，提高调控水平。

一是政府要为市场竞争创造公平环境。由于知识的溢出效应、互联网广泛渗透、专利的垄断性，现代经济体内部竞争不充分、无序竞争的状况将更加突出。这就要求政府更加善于管理竞争，将权力更多赋予地方、企业和非营利性组织，以腾出更多精力把重点放在为不同主体提供良好的环境，让他们通过竞争来提供市场和非市场的服务。要通过明确财政责任等，让中央和地方政府各司其职，在管理竞争中发挥各自应有作用。鼓励地域上的互通性，让非营利性组织跟地方政府竞争提供教育和医疗等服务。应把握好时机，加强法治建设，依靠法治保护竞争。在知识产权保护、增加多元消费选择、解决市场失灵等方面，政府的举措应当更加有力，这是弥补市场机制不足的必要手段。针对经济发展中利益集团盘根错节问题，要采取有力措施防范利益集团、垄断组织左右公共政策，防止政策行为偏离公共利益方向。

二是政府要善于动员社会力量推动创新创造快速增长。推动知识和技术增长，需要调动社会、个体等最广泛群体的积极性。要鼓励地方、企业和其他社会组织积极参与教育、医疗、科研等活动，增强社会创新创造活力，推动知识和技术成果更多转化为现实生产力。政府可以采取税收优惠、提供补贴、奖励激励等方式，推动学校和科研部门围绕经济社会目标开展创新活动，促使更多的人力资本流向研究开发部门，产生更多新的发明创造，从而提高劳动生产率，推动经济增长。

三是政府要提高宏观调控与经济发展形势的契合度。根据经济形势变化，把握好宏观调控节奏和时机，协调推进稳增长和加强治理。在经济增长好的时候，该出台的治理举措要果断出台，该强化的监管要及时强化，以科学有力的监管营造经济发展良好秩序和环境；经济出现下行压力的时候，要优先稳住增长，比如及时推出基建项目、调整财税政策等。有时候灵活度可以非常大，甚至一个周末的时间就可以进行政策调整。

二、关于中美经贸摩擦

专家认为，中国已经发展成为世界第二大经济体，中美经济往来日益密切，经贸摩擦未来仍可能长时间存在，应该准确研判中美经贸摩擦的影响，既要增强自信、积极应变，又要立足自身、着眼长远，切实提高中国经济竞争力。

卡内基国际和平基金会一位研究员指出，中国不是美国贸易赤字的肇事者，美国的贸易赤字从 20 世纪 90 年代后期开始迅猛增长，但同期中国并没有产生巨大的贸易盈余，总体关税在发展中国家也属于中低水平并且不断降低，美国贸易赤字与中国贸易盈余没有相关性。美国官方与民间对贸易逆差的理解并不相同，比如美国官方认为中国强迫转让技术，但有调查显示，81% 的美国企业认为中国方面没有要求美国驻华公司转让技术，而且很多技术转让合同都是双方自愿的商业行为；96% 的美国公司都说中国的知识产权保护制度已经改善了。当前美方加征关税的第一批目录，大多是技术产品，对中国影响不大；第二批 2000 亿美元主要是劳动密集型产品，短期会对中国产生较大影响，但长期对美国的影响更大，将会深刻改变两个经济体的工业结构和效率。

该研究员提出，从现阶段看，中国应做好以下工作：一是提升自主创新能力。要认真分析中国创新的不足和弱点，有针对性采取举措。中国依靠市场需求驱动的客户导向型创新、受到外部竞争压力产生的效率导向型创新表现突出，但主动加大研发投入的科学导向型创新、依靠掌握更高技术或标准的工程导向型创新还远远不够，必须夯实研究基础，强化企业的自主创新意识，加快在这些领域取得突破。二是加快服务业“引进来”和“走出去”。中国虽然在扩大开放方面已经推出不少举措，但美国的关切点主要是降低服务业市场准入门槛，近年来中国服务业发展势头良好，一些企业也具备全球竞争力，这方面可以减少担忧，在放宽准入门槛方面作出更大努力。但同时也应提升服务业“走出去”的竞争力。相对发达国家，中国服务业出口在全球占比非常低，不到8%，尤其是教育、金融、法律、媒体等高附加值服务业出口较少。三是规范产业支持方式。中美都对企业创新予以扶持，中国往往直接补贴企业创新，而美国通过科研项目、防务相关的研发推动创新，渠道不同而已。中国逐步走向世界，应当在产业政策、激励创新方面有更多与国际接轨的手段。

三、关于金融创新和监管

与会专家认为，中国金融服务改革成就令人瞩目，特别是支付宝、微信等移动支付技术领先世界，应继续保持优势，在推动创新的同时强化监管，积极谋划金融扩大开放和改革创新，推动中国金融体制适应中国参与全球分工和竞争的需要。

一是继续保持金融服务和技术等创新的优势。毕马威亚太区金融服务业一位负责人提出，必须加强人工智能技术在金融创新领域的应用，加强大数据的使用管理和人才培养，充分发挥人工智能、大数据资源在欺诈识别、借贷审计、客户细分、个性定制等金融服务中的作用，以机器检索、智能演算替代人工操作，构建高度自动化的金融服务和技术风险防范体系。同时，应加强移动支付领域接入方式和生物识别、人工智能等新技术带来风险的监控和预防。

二是改革完善金融监管体系。一位专家提出，移动支付将风险从传统的金融机构转向了提供移动支付服务的非金融企业，但其风控能力和体系远不如金融机构。银行受到很严格的监管，但移动支付公司却不受有些监管的束缚，该如何进行监管、哪些应该监管、哪些不应该监管，都是亟须研究的问题。还有专家指出，美国、英国金融机构十分强大，以至于超越了政府的监管能力，他们并不完全按照政府的意图办事，更多是为了本部门利益。控制金融风险、加强金融监管，一方面政府必须有强大的监管能力，确保金融更好服务经济特别是实体经济发展；另一方面也要探索行业组织自我管理模式，建立类似信贷联盟等机构，通过会员之间的相互制约和控制，避免一家独大、脱离监管，偏离金融发展的正确方向。专家建议，要探讨如何更好地监管影子银行，在有效控制系统性风险的基础上，发挥影子银行支持私营企业融资的功能。

三是防范化解金融风险。一位专家表示，中国的银行体系对市场的融资活动贡献率达到 50%，防范化解金融风险的重点就是减少银行的系统性风险。建议进一步发展好债券市场，鼓励企业更多在债券市场上融资，这对改善企业融资结构，减少对银行的过度依赖，增强金融系统稳定性具有重要作用。中国国有大型企业公司治理结构较好，而民营企业的公司治理水平参差不齐，要引导民营企业完善公司治理，否则他们一上市，会产生较大风险。P2P 企业甚至一些上市公司旗下的 P2P 企业不断“爆雷”，主要问题就是出在公司治理上。

四是扩大金融对外开放。与会专家认为，中国和世界各国的贸易活动越来越多，未来可能成为世界上最大的财富市场，金融市场相对封闭、国外投资准入门槛高等问题与世界第二大经济体的地位不相匹配，对贸易、投资、国际合作等领域影响深刻，早晚都必须解决。当然，开放的过程应当审慎有序，妥善处理资本开放与货币开放的先后顺序。在扩大开放的同时，加快健全国际化监管体系，提高应对国际市场风险的能力。

四、关于推动绿色发展

专家认为，近年来中国治理环境污染问题力度空前，取得了显著成效，应继续统筹好各类手段，综合利用产业调整、科技创新、金融扶持等方面政策，加强全球合作，持续巩固生态文明建设成果。

一是加大对新兴环保技术扶持力度。联合国环境规划署一位前负责人提出，环保新技术刚面世时，成本一般都很高，但随着技术的发展和使用，成本就会普遍下降。应把眼光放长远些，持续加大对新技术的投入和扶持，帮助这些技术尽快发展起来，这些技术成熟后形成的成本优势、价值优势，会打开一个巨大的市场。在发展新技术的同时，要研究和评估新技术可能带来的负面影响。比利时皇家科学院一位院士认为，应当加大风能、太阳能、地热等可持续能源的开发，形成具有竞争力的价格。政府不仅要为创新提供资金，而且还要使政府各个部门在制度、管理等方面协力支持。比如，根据新的技术发展水平完善环保监管规则，调整相关政策。

二是推动绿色金融发展。瑞典北欧斯安银行气候与可持续金融部一位负责人认为，近年来中国积极推动绿色金融国际合作，是世界学习的榜样。应该继续推动绿色金融可持续发展，构建完善的绿色债券发行基础设施，不断创新盈利和运作模式，发展绿色债券第三方服务体系，加强有效监管，提高透明度；推动中国绿色金融市场持续开放，整合"一带一路"沿线国家资本，注重加强与国际市场沟通，适当调整完善绿色金融标准，吸引更多国际投资者购买中国绿色金融产品。

外国专家对2019年政府工作的建议（下）

姜秀谦　郑真江　水名岳　李传方

五、关于房地产市场调控和管理

中国英国商会一位负责人指出，过去10年来全球57个国家或地区的房产价格上涨了2—3倍，不少国家推出了抵押限制、限制外国人买房、增加印花税等政策举措，但实践证明，这些举措的政策效果十分有限，几乎没有一个地区完美解决房价波动问题。中国应当认真研究各国房地产市场调控的经验教训，充实手段和方式，提高调控的有效性。

专家们认为，房产价格波动受到居住需求、人口流动、土地供应、资产配置、货币松紧、经济水平、市场周期、消费预期等多重因素影响，忽略掉其中任何一个因素，都可能导致调控政策效果大打折扣。一是强化政策组合。不同地方、不同市场的房价影响因素各不相同，最终什么政策有效、什么政策无效并非一目了然，只能在实践中不断试错、不断检验、不断调整，找到最佳的政策组合，不可能有一劳永逸的办法，也不能指望用一个政策解决所有地方的房地产调控问题。二是把握政策时机。要把控制房价合理上涨、限制投机、支持首次买房者作为房地产市场政策的三个主要目标。充分了解房地产市场的周期性，除了经济运行、货币政策等客观因素，买房者的心理波动、投资信心都会影响政策效果，应掌握调控的时间，找准最佳时间点，果断调控。三是稳定消费预期。房地产税是减少投机行为、稳定预期的重要方法，世界上成熟经济体基本上都有房地产税，中国对此应加强研究论证。四是完善住宅项目布局。综合考虑房屋空置率、城市通勤时间、城镇化进程等因素，科学合理规划城市布局，提升房产利用效率，促进供需平衡。

六、关于工业 4.0

德国国家科学与工程学院一位院士提出，工业 4.0 阶段企业的生产要更加接近消费者，满足个性化、定制化的需求。他就未来新技术排名对有关国家 200 多位院士进行了调研，排名在前的新技术包括可持续的储能技术、人工智能、循环经济、自动驾驶、量子计算、可持续的农业技术等，基本涵盖了“中国制造 2025”和“十三五”规划中提到的新技术。

推进工业 4.0 需要投入，也需要合作，不同技术的集成需要庞大的协同网络。德国的公司能很好地处理企业之间合作与竞争的关系，中小企业往往能在当地形成一个沟通协作的网络，这不仅有利于解决问题，也有利于各公司建立统一标准，为以后生产环节的协同对接提供基础。中国高校、企业、科研机构之间条块分割，竞争较多但协作偏少偏弱，导致科研创新总体竞争力不足和创新效率不高，科研与生产脱节。应在竞争中建立良性合作机制，加强共同实验室、联合科研机构、协同创新中心建设，充分挖掘高校、科研机构、企业等各方的优势力量，建立协同互补的研发网络，还要注重加强国际合作，与国际标准相互衔接。

七、关于新材料研发应用和基础研究

一位诺贝尔物理学奖得主指出，量子技术、人工智能、生物技术发展、新能源技术对材料技术特别是颠覆性新材料的依赖程度越来越高。中国在新材料应用和产业化方面速度较快，但颠覆性创新不足、基础研究薄弱，应当加大统筹力度，尽早部署新材料研发。

一是聚焦颠覆性新材料研发。现在不少所谓的新材料，实际上是在原有发明基础上不断升级形成的，比如现在常用的硅早在20世纪50年代就已发明出来，碳纤维在20世纪60年代就已发明出来，直到近几年才开始大规模使用。中国应聚焦前沿，加强颠覆性材料、定制化材料的研发和生产，缩短材料从研发到应用的周期，塑造竞争优势。

二是重视基础研究和自主研发。中国研发人员模仿海外技术很快，但把更多注意力放在了技术应用上，而不是放在基础科学研究上，长期这样下去，技术发展就不可持续。中国政府应更加重视基础研究，在企业开展自主研发、基础研究上加大支持力度。鼓励企业和高校合作开展基础研究，使得基础研究与市场的需求有效衔接起来。在这方面，很多大型跨国公司是典范，他们的技术研发工作做得很扎实，又通过向高校外包来实现基础研究的突破。

八、关于应对人口老龄化

国际社会保障协会一位负责人认为，中国老龄化速度之快、形势之严峻，正像海啸一样扑面而来，必须迅速行动起来。

他提出，全球每 4 个 80 岁以上的老人中，就有 3 个需要长期护理服务。按照这个比例测算，中国需要长期护理的老年人将达数千万，特别是随着寿命延长和痴呆、慢性疾病等影响，需要长期护理的老年人越来越多。同时，大部分老年人愿意居家养老。因此，中国应对人口老龄化政策重点应当放在居家养老、长期护理服务的提供上。

一是提升从业人员的职业素质和从业意愿。很多国家老年人照料服务都面临这个问题。这项工作专业性强、要求很高，从业者投入大量财力精力学习后，面临待遇和社会地位不高、职业安全无法保障、精神情感压力大等问题，很多人不愿意做这项工作。今年德国长期护理岗位需求达 4 万个，但无人应聘，人才缺口鸿沟越来越大。中国要吸取德国等国的经验教训，探索实行免费的长期护理专业教育培训，实施具有竞争力的薪酬待遇，创造好的工作条件，给予充分社会保障，提升长期护理职业吸引力和社会认可度。

二是探索建立长期护理保险制度。德国长期护理险是全民覆盖的保险制度。目前中国已在部分地区进行试点，可以进一步扩大范围，发挥好政府的主导作用，加强制度设计和实践探索，构建多层次的长期护理保障体系。在长期护理保险制度设计上，应对提供居家护理服务的企业、亲属等给予更多的激励，提高服务质量。

三是支持鼓励老年人就业。德国人的工作年限比较长，这与退休年龄无关，主要是采取了一些激励措施，鼓励人们工作时间更长一些。中国也可以出台引导激励措施，让到了退休年龄的老年人能够继续留在岗位上，鼓励已经退休的、身体健康的回到工作岗位，特别是教师、医生、技能人才等，他们延长工作年限可以继续发挥专业优势和作用、多交社保费，还能增强消费能力，拉动经济增长。

九、关于提高教育质量

多位外国专家从不同角度，强调抓好教育工作的重要性。一位专家认为应当提升教育的包容性，缩小区域之间的教育差距，让经济条件较差家庭的孩子也能够有机会接受更好的教育，为每个人发展提供平等机会。鼓励非营利性教育机构发展，确保民办教育以人才发展、国家利益为重，而不是一味追求经济利益。激励高校主动服务国家发展需求，通过奖助学金等多种方式，激励有潜质的学生进入更高层次教育深造。还有一位专家指出，中国现在面临巨大的技能人才缺口，需要通过职业教育来填补这个鸿沟。职业教育在德国不是次要教育，接受职业教育的人并不是因为他们成绩不够好，而是职业教育也有足够的吸引力。中国应当提高技术技能人才的社会地位和收入，重视产教融合，加强校企合作，并形成面向所有人的终生职业教育体系。职业教育不能停留在低端的手工技术，应当适应产业升级需求，发展更多具有科技含量的中高层次职业教育，培养高技能高技术人才。

十、关于脱贫减贫工作

英国皇家学会一位院士提出，自 1981 年以来，全球的贫困率下降了 4 倍，如果没有中国的努力，恐怕只能下降一半，全球千年发展目标就不可能实现。贫困是多方面的、不断变化的，随着中国脱贫攻坚的深入推进，应更加深入分析现阶段致贫原因和贫困人口的实际需求，采取有针对性的政策，分类推进不同群体的脱贫工作。不仅解决当前收入问题，还应采取预防性战略，防止他们和他们的下一代再次陷入贫困。根据脱贫减贫进展情况，完善评价指标和标准，引导和促进贫困人口全面发展，推动贫困地区可持续发展。

高度警惕工业增长滑出合理区间风险

张军立　刘若霞

保持工业稳定增长，是稳定经济增长的重要内容和支撑，是建设制造强国的基础保障。今年特别是下半年以来，受全球经济低迷、中美贸易摩擦、产业转型调整等影响，工业经济增速持续走低，下行压力明显增大，必须引起高度重视，采取有效措施防止工业增长滑出合理区间。近日，我们与有关方面进行了专题研究，现将有关情况报告如下。

一、主要工业指标多数走低，企业经营困难加大

工业增速明显下滑，多数月份滑出预期区间。今年前8个月工业增长5.6%，增速已接近全年预期目标区间下限（工信部等部门根据今年GDP增速预期目标，明确工业增长预期目标为5.5%—6%）。从月度看，除了3月份和6月份，其他月份增速均低于5.5%；7、8连续两个月份低于5%，8月份更是降至4.4%，为

2009年3月份以来最低水平。特别是今年4月份以来，制造业增速除5月与工业增速（5.0%）持平外，其余单月增速均低于工业增速，为多年来少有。若后几个月工业经济继续下行，就难以实现全年预期目标。

先进制造业增速虽高于全部制造业，但也回落至较低水平。过去较长一段时期，高技术制造业保持较快增长，但最近增速也出现回落。8月份高技术制造业增加值同比仅增长6.1%，增速同比大幅回落7.7个百分点，比7月份回落0.5个百分点。电子制造业增加值同比增长4.7%，同比大幅回落12.4个百分点，比上月回落1.4个百分点。工业机器人、智能手机产量同比分别下降19.3%、10.7%。据行业协会统计，8月份新能源汽车产销同比分别下降12.1%和15.8%。

工业投资处于历史低位，制造业投资更低。1—8月工业投资同比仅增长3.3%，较1—7月回落0.5个百分点。制造业投资低于工业投资，仅增长2.6%，增速回落0.7个百分点，未能延续前3个月小幅回升势头。41个大类行业中有12个行业投资同比下降。高技术制造业投资放缓，1—8月同比增长12.0%，增速虽比1—7月回升0.9个百分点，但低于去年同期0.9个百分点。

工业出口大幅下滑，高技术制造业出口受阻。8月份，规模以上工业出口交货值同比下降4.3%，单月增速为近34个月首次由正转负。传统产业和高技术制造业出口均明显下滑。8月份，纺织、服装、化纤制造业出口交货值同比分别下降5.8%、4.0%、15.9%，降幅进一步扩大。电子制造业出口交货值同比下降4.6%，为近3年最低水平。

规模以上工业企业连续减少，每年减少几千家。据统计数据显示，2018年7月末，规模以上工业企业373939家，较上年同期减少近6000家；今年7月末，规模以上工业企业366962家，又较去年同期减少近7000家。

四大板块不同程度回落，东部地区降幅较大。8月份，东部地区同比仅增长2.8%，较去年同期回落2.7个百分点，较上月回落0.2个百分点。广东、山东、浙江等工业大省增速下降幅度较大，已明显低于全年预期目标。中、西部地区增速放缓，8月份同比分别增长6.5%和5.3%，增速同比下降1.1和1.9个百分点，比7月份回落0.7和1.9个百分点。东北地区低位徘徊，8月份同比增长3.0%，较去年同期下降1.3个百分点。

实物量指标同步下降，制造业用电量增速较低。电力生产增长放缓，1—8月份规模以上工业发电量同比增长2.8%，较1—7月份放缓0.2个百分点，较去年同期回落4.9个百分点。工业用电量增速下降，7月份同比仅增长1.0%，为2015年以来同期增速最低值。8月份工业用电量增速有所回升，但制造业用电量增速由7月份的4.3%降至8月份的2.32%，处于较低水平。货运量增速也出现下滑，8月份同比增长5.4%，增速较去年同期回落1.8个百分点。

企业经营困难加大，盈利水平降低。1—7月份规上工业企业每百元营业收入中的成本和费用同比增加0.44元。规上工业企业利润同比下降1.7%；营业收入利润率同比降低0.39个百分点。7月末，亏损企业71568个，较上年同期增加4.3%；亏损企业亏损额累计5317.7亿元，较上年同期增加10%。外资企业经营困难更为突出，产成品存货周转天数、应收票据及应收账款平均回收期等指标，均高于其他经济类型企业。

产能外迁迹象显现，外资企业转移加快。据工信部问卷调查显示，目前有14.8%的出口企业已在海外布局或已准备外迁，还有部分企业正在考虑向海外转移产能。江苏对14家对美出口1000

万美元以上的台资企业进行摸底，其中10家企业均有向台湾或东南亚外迁部分产能的倾向。今年以来外商及港澳台商投资企业工业增加值已有3个月份出现负增长，7月末，外商及港澳台商投资工业企业数量较去年同期减少2.5%。

先行指标持续走低，工业增长后劲不足。8月份制造业采购经理指数（PMI）为49.5%，较上月回落0.2个百分点，连续4个月处于荣枯线以下。8月份，工业生产者出厂价格（PPI）同比下降0.8%，降幅有所扩大，且7、8连续两个月为负，自2016年9月份以来重新进入负增长区间。

二、多措并举稳增长，有效避免出底线

综合预判，后几个月影响工业经济运行的有利因素和不利因素并存，回升动力和下行压力相互角力，保持工业平稳运行面临不少困难和挑战。一方面，全球经济增长放缓的趋势很难根本改变，国际环境影响工业运行的不稳定不确定因素依然较多，国内投资消费也存在下行压力。另一方面，我国经济增长的韧性依然较强，减税降费、"放管服"改革、促进国内消费、支持制造业高质量发展等政策效应逐步释放，库存周期复苏和基础设施建设投资对工业增长形成一定支撑。

促进工业稳定增长，对保持经济运行在合理区间十分重要。应贯彻落实好"六稳"举措，抓紧研究制定稳定工业增长政策措施，加大逆周期调节力度，引导市场预期，增强企业信心，坚决避免出现工业经济趋势性下滑。

一是落实好减税降费等政策。今年降低增值税税率力度很大，但执行中也存在不少问题，影响企业的获得感。要尽快研究解决

能源“变相涨价”、部分行业抵扣链条不畅、留抵退税门槛过高等问题，让工业企业切实享受到减税红利。研究降低企业所得税税负，进一步提高企业研发费用加计扣除比例，取消高新技术企业认定的行业限制，简化企业享受优惠政策的申报程序，实质性降低企业税负。许多企业反映，大工业电价不减反增，今年《政府工作报告》提出的降低制造业用电成本要加快落实，建议有关部门尽快拿出大工业电价降价措施，全面放开规模以上工业企业参与电力直接交易。今年《政府工作报告》部署的“深化收费公路制度改革，推动降低过路过桥费用”，也应加快取得实质性进展。

二是扩大制造业有效投资。加大对制造业高质量发展投资的支持力度，研究出台人工智能、工业互联网、物联网等投资支持政策，加快建设新型基础设施，发挥好政府资金引导社会投资作用。加大对危险化学品生产企业搬迁改造支持力度，积极支持高危行业岗位机器换人。不少地方反映，由于部门间沟通不畅，工业项目落地难问题突出，建议建立联动审批机制，让一些好项目尽快落地。

三是促进消费拉动工业增长。新能源汽车是汽车消费的方向。双积分政策是财政支持退坡后支持新能源汽车发展的重大政策举措，建议尽快推动双积分政策落地实施，稳定行业预期。同时，加快推动城市公交、出租车、政府公务车等车辆的新能源汽车替代，落实新能源汽车行驶、停放等优惠政策，促进行业持续健康发展。信息消费仍然具有很大的潜力，要研究进一步扩大和升级信息消费的举措，加快5G商用，推动5G在工业互联网、车联网、教育、医疗等领域应用。加快超高清视频产业发展，鼓励开办4K超高清电视频道、网络直播频道等。

四是加大信贷支持制造业发展力度。截至今年8月末，制造业贷款余额占全部贷款余额的比例为11.72%，较年初下降0.62个百分点，这与制造业在国民经济中的地位极不相称，需要尽快改变。建议改革优化银行风控指标体系和绩效考核办法，适度提高制造业不良贷款容忍程度，规定新增贷款用于支持制造业的比例并加强考核。同时，应做好产融对接，加大对产业带动能力强、经营效益好、信用记录优的企业精准支持，避免对发展前景好但暂时有困难的企业抽贷断贷。

五是减少机械性执行政策对企业的影响。完善能耗、环保、质量、安全等标准体系，明确执法标准，给予一定的整改期限，避免“一刀切”式关停和层层加码提高执法标准，避免一厂出问题、全行业都停产整顿，避免政策叠加给企业带来严重影响。